官愚の国

―日本を不幸にする「霞が関」の正体―

高橋洋一

祥伝社黄金文庫

文庫版のためのまえがき

２０１４年４月１日から消費増税が実施された。財務省にとって、つねに増税は〝最終目標〟のひとつであり、民主党政権時代からそのための布石を打ってきた。本文57ページ以下で詳しく述べるが、当時、水面下で暗躍したのは財務事務次官を務めた人物だと言われている。その甲斐(かい)あってか、財務省はようやく〝最終目標〟に到達できたことになる。いや、安倍晋三(あべしんぞう)首相が年内に可否判断するという消費税率10％への引き上げこそが財務省の〝最終目標〟だとするならば、今回の８％という税率は道半(なか)ば、未達(みたつ)の数字なのかもしれない。

その安倍首相の掲げるアベノミクスが、①金融政策、②財政政策、③成長戦略を三本柱とすることはご承知だろう。２０１３年12月７日に成立した国家戦略特別区法は、③成長戦略の目玉法案で、政策の第一弾として東京圏をはじめ六区域の国家戦略特区が指定されたことは記憶に新しい。

このとき安倍首相は「岩盤規制を打破する体制が整った」と発言したが、本当にドリルで穴をこじ開けるように厚い岩盤を突破するためには、公務員制度改革が不可欠だ。「岩盤規制」の背後には官僚たちの既得権益が潜んでいるからである。

ちなみに安倍政権誕生以後、官僚の天下りは終息するどころか進行の度合いを速めているようだ。元経済産業次官の杉山秀二氏が商工中央金庫社長に就任したのを皮切りに、元財務次官の細川興一氏が日本政策金融公庫総裁に、そして著名な財務官だった渡辺博史氏が国際協力銀行総裁のポストに就いた。

日本では「官僚主導」が「政治主導」に優越してきた。それが重奏低音のように、日本の近代史に横たわっている。政治主導とは、官僚にとって権限・権益が侵害されることを意味する。自らの思惑どおりに政治権力を操ろうと策略をめぐらす。それが官僚の習性なのだ。

本書『官愚の国』は、「脱官僚依存・政治主導」を掲げていた民主党政権時代、東日本大震災が日本列島を襲った2011年3月に上梓したものである。民主党の「政治主導」というお題目がいかに非現実的であるかを糺し、その論拠として私が「霞が関」で身を持って味わってきた諸事象を挙げ、日本の官僚ならびに官僚制度の特質を論じた。
したがって従来のステレオタイプ化した官僚制研究や官僚論とは一線を画す。「官愚」とは「衆愚」の対義語のつもりで編み出した造語である。今般の文庫化によって、より多くの日本国民が「官愚」に気づいてくださることを願っている。

２０１４年５月

髙橋洋一（たかはしよういち）

官愚の国——目次

1章　日本の官僚は、実は〝無能〟だ　13

2章 「官僚神話」という幻想　63

3章 「官庁の中の官庁」大蔵省の秘密 111

4章　世にも恐ろしい官僚の作文術　153

5章 霞が関を〝統制〟する方法　183

装幀／中原達治

1章

日本の官僚は、実は〝無能〟だ

たしかに「お勉強」はよくできる。実務は優秀だ。
だが致命的な欠点がある

■「試験に通ったエリート」に弱い日本人

本書の解のひとつを先に記しておく。それは「日本の官僚は無能である」ということだ。正確を期すなら、日本の官僚は「ごく一部を除き」「本来の優秀性とは別の意味で」無能である、と表現してもいい。霞が関はほとんど無能の集合体である。のっけから、あえてそう断言しよう。

ただし世間一般の目から見れば、日本の官僚は優秀ということになっている。その一般の尺度を差し置いて、私が彼ら（かつては私自身もその集団の中にいた）を無能と断じる理由を、これから述べてゆく。

官僚には「エリート」という言葉がついて回る。「エリート」は「選良（せんりょう）」と訳されるが、不思議なことに「選良」のほうは、選挙の洗礼を受けたという意味で政治家を指すことが多い。それはともかく、政治家とともに「政治エリート」群を構成する官僚は、庶民との比較において優秀とされてきた。なぜか。理由は単純である。官僚は難しい試験に通っている。日本人は「試験に通っている」という事実の前に圧倒的に弱い。それだけで「あの人は立派だ」と認定する癖（へき）がある。

学歴社会を生きる日本人は、誰しも何回かスクリーニング（ふるい分け）の洗礼を受けている。中学・高校・大学受験。あるいは就職のための入社試験。そして、そこでふるい落とされた経験があるはずだ。不合格の結果を「俺はあのときの試験に受からなかった」と受け入れ、反面、合格者に対しては「俺が落ちた試験に受かった」と認めざるを得ない。そこにはある種の納得感がある。だから競争倍率や難易度が高いとされる試験であればあるほど、合格した人間を優秀だと思う。

もちろん、試験に通りさえすれば高級官僚になれるということは、人間の出自に無関係という意味で平等であるし、官僚をグレードアップするひとつの仕組みではある。一定のスクリーニングを経て「立派な選良」が誕生すること自体に嘘はない。ちなみに私自身、大した家柄の出ではないけれど、「試験に受かれば官僚になれる」仕組みの恩恵に与った一人である。

ただし、この平等性は、矛盾するようだが恐ろしいまでの差別性と表裏一体でもある。なにしろ試験に受かれば22、23歳で将来が保障されるのだ。「官僚」の肩書を手に入れた時点で老後の心配が消える。定年を迎えても天下り先が待っていてくれる。民間と決定的に違う点である。今の日本社会で人間の一生を保障するような制度はあり得ないわけで、試験の合格をもって確実に安泰な人生がもたらされる官僚制は、現代唯一の身分制度と言って差し支えないだろう。官僚と非官僚＝民間との間には、見えざる差別が存在するのだ。

■官僚の採用試験の仕組みはどうなっているのか

「試験に通りさえすれば高級官僚になれるということは、人間の出自に無関係という意味で平等である」と前述した。事実、官僚の採用試験では学歴を問わない。キャリア候補を対象とする「国家公務員採用I種試験」（通称『コクイチ』）でも、別に大学を卒業していなくても受験できる。〈※2012年度より総合職試験（院卒者試験・大卒程度試験）、一般職試験（大卒程度試験・高卒者試験）などに再編されている〉

2011年度の受験案内（人事院）を例に取れば、試験内容は「大学卒業段階の知識・技術及びその応用能力を必要とする程度」であり、受験資格を以下のように定めている。

1 昭和52年4月2日～平成元年4月1日生まれの者

公務員試験では学歴を問わない

人事院の「国家公務員試験採用情報NAVI」トップページ。各種試験の日程、申し込み方法から採用情報までを網羅する。
http://www.jinji.go.jp/saiyo/saiyo.htm

2　平成元年4月2日以降生まれの者で次に掲げる者
（1）大学を卒業した者及び平成23年3月までに大学を卒業する見込みの者
（2）人事院が（1）に掲げる者と同等の資格があると認める者

つまり隋から清時代までの中国で行なわれていた科挙と一緒で、一応はオープンになっているわけだ。

とはいえ、現実に合格する顔ぶれは大卒か大学院卒が大半を占め（新卒・中退者50％、既卒10％、大学院進学者・卒業者40％前後とされる）、そのうちの半分は東大出身者である。

例年、2万人以上が申し込み（実際の受験者数は1万5000人程度）、最終合格者は1500人ほどである。やはり2011年度の国家公務員採用Ⅰ種試験結果を見てみると、申込者数2万6888に対して最終合格者数は1314。倍率は20・4倍である。

選択式の一次試験（一般教養と専門試験1）と記述式の二次試験（総合試験と専門試験2）、後日の人物試験（面接）が行なわれるが、詳細は割愛する。ここで述べるべきは、採用試験においてどのような能力が問われるか、ということである。

結論から言うと、官僚の採用試験は「学生時代によく勉強した人間が通る」仕組みになっている。後述するが、私自身がI種試験の出題委員をやっていたからよく分かる。試験機関である人事院から言われたのは、「頭のいい人物を採るのではない。きちんと大学で勉強した人物だけを採る」ということだ。したがって高度な超難問は出題しないし、なおかつ誰にでも解ける易しい問題も出さない。

さらに「採点時に、成績と正答率が対応するような問題が望ましい」とも言われた。つまり成績順の上位者から下位者にかけて、正答率に差が出なければいけない。たとえば下位20％の人たちの正答率が20％、下位40％の正答率が40％、下位60％の正答率が60％となり、逆に上位20％の人たちの正答率が80％になっている。そういうかたちで、きれいに並んでいるのが最もいい試験とされた。

極端な表現をすれば、本当にできる人はほとんど正答し、できない人はまったく正答できない。そんな問題を私はつくった記憶がある。

■　事前にリークされる「問題の中身」

「勉強した人間だけが合格する試験問題」を出すためには、逆説めくが、受験者にあらかじめ〝問題〟をアナウンスしておけばよい。正確には「勉強しておくべき内容が書かれた教科書名」を、出題する側が先に言ってしまうのである。

どういうことか説明しよう。公務員試験の受験雑誌などを見ると、よく「必読教科書」というのが載っている。ここで雑誌名は明かさないが、公務員試験経験者や、これから受験を志（こころざ）す学生ならご存じだと思う。実は「必読教科書」を受験雑誌の編集部なり執筆者なりにリークするのは出題者側なのである。そして本当に「必読教科書」から試験問題をつくる。要するに決められた教科書の範囲の中からしか問題を出さないのだ。

もちろん、面と向かって「今度の試験問題はこの教科書から出しますよ」とは言えないから、「最近の受験者は、これこれこういう教科書をよく読んでいますね」などと遠回しな言い方にならざるを得ないが、そこは阿吽（あうん）の呼吸で伝わるものだ。

必読教科書すなわち試験問題（の元）を、情報として明らかにしておけば、勉強する人はその教科書を読んで愚直に勉強する。反対に勉強しない人は、情報があるにもかかわらず、文字どおり勉強しない。

また、必読教科書は必ず複数を用意しておくのだが、勉強するタイプの人はそのすべてをカバーして読む。勉強しない人は、せいぜい1冊くらいしか読まない。つまり勉強量に圧倒的な差がつく。結果は明らかである。

いわば出題者側が〝指定〟したものをきちんと読むかどうかで合否は決まる。必読教科書は「定番の教科書」とも呼ばれ、さまざまな大学で標準的に使われる教科書でもある。標準的な教科書を読んでいる人間であれば、ほぼ正答できる。公務員試験はそのようにつくられているのである。

■私が出題委員を務めたときは……

私が国家公務員採用I種試験の出題委員になったときは、3人一組のチームで問題作成に当たった。試験区分（全部で13の区分がある）は経済である。チームの1人は大学教授で、あとは役所の人間が2人。経済産業省と財務省（つまり私）の官僚が、抜擢というか指名されてチームを組んだ。そのチームに人事院の人間が2〜3人、サポートにつく。

出題委員がやることを簡単に述べると、まずチームの3人がそれぞれ問題をつくる。その問題を3人が交換して解いてみる。それから人事院の人間が、前述した「勉強した人ができて、勉強しない人はできない」問題になっているかどうかをチェックする。そんな相互監視システムで、〝ほどよい問題〟をコツコツつくっていた。

あるとき、上司から「試験問題の出題委員をやってくれ」とお達しがあった。人事院に依頼され、役所（当時の大蔵省）のほうで相応の人間を選抜したという。なぜ自分が相応(ふさわ)しいのかは分からなかったが、業務命令のようなものである。拒否するわけにはいかない。しかしこれが、はっきり言ってつまらない仕事なのだ。

週に1、2回、チームで集まって作業をする。当然、本来の役所の仕事をこなしながらなので、夜の空き時間にやるしかない。それが4カ月くらい続く。拘束期間が長いのである。

私もはじめのうちは、まさか人事院のほうが受験雑誌に「必読教科書」をリークしていたとは知らなかった。しかし、ほどなく「いろいろな問題をつくっていただきますが、オリジナルで誰も解けないような問題はつくらないでください。それに、誰がやっても簡単に解けてしまうような易しい問題もつくらないでください。ちなみにこういう本がありますから……」と受験雑誌のコピーを渡され、「受験生はこういう雑誌を読んでいるので、その範囲で出してください」と本当に言われたのである。

また、「変な話ですが、採用試験は勉強をしたか、しないかをチェックするだけです。

勉強する能力のある受験生だったら誰でもいいんです」とも言っていた。したがって試験問題が教科書に載っている内容に限定されるのだ。

もっとも必読教科書が決まっているからといって、前述したように、その教科書は複数ある。私の記憶では10冊近くだった。だからそう簡単に全部は読めないのだが。

■合格のために必要な受験テクニックとは

もちろん〝ほどよい問題〟といっても、難易度に差はあって、中にはすぐに解けそうにない問題も含まれる。はっきり言えば玉石混淆（ぎょくせきこんこう）なのである。ただし、難しい問題も易しい問題も配点は同じ1点なのだ。そこで問題を解き、高得点を取るためには、公務員試験用のテクニックといったものが求められる。

このテクニックは大学受験とまったく同じと言っていい。すなわち問題用紙の順番どおりに解くのではなく、難しい問題はスキップし、易しい問題から解いてゆく。公務員試験受験者ならさんざん言われただろうが、「決められた時間内で点数を稼ぐには、たくさんあるうちから易しい問題を選んで正答率を上げる」のである。

難問に時間をかけても無駄。それよりは解ける問題をチャッチャッと片づける。ちなみにI種採用試験で言えば、一次の「教養」で出題されるのは55問。そのうち25問が必須で、残りの30問から20問を選んで解く仕組みになっている。制限時間は3時間である。難しい問題に悩んで、時間をかけて、ようやく1問解けたとしても、それでは試験には落ちてしまうのだ。

私など数学科出身で、難しい問題のほうが好きな性質(たち)だから、財務省の同僚と公務員試験の話題になったときに「超難問を解くほうが面白いのに」と水を向けたことがある。すると、「お前は何をバカなこと言ってるんだ」と即座に返ってきた。ここに文科系(同僚)と理科系(私)の違いを感じたものである。

大学で文科系の試験は、それが入試であれ学部の試験であれ、公務員試験と似た形式が多い。要するに多数の問題が出題されるけれども、難問を省(はぶ)いて解く余地がある。一方、私がいた数学科の試験は、問題が1問か2問しか出ず、それについて解答時間が6時間だったりする。まるで「無制限一本勝負」に臨(のぞ)むようなものだが、そんな試験ばかりを繰り返していれば、難しい問題を解くという行為に慣れてしまい、難問と易しい問題の識別もできなくなるのだ。いや、むしろ難しい問題のほうにチャレンジしたくなる。だが、こうした理科系的性向は、公務員試験においては非常にマイナスなのである。

言うまでもなく官僚の世界は完全に文科系上位だから、私のような思考を持つ理科系人間は異分子である。また「技官」と呼ばれ、最初から技術系で採用される官僚もいるが、事務官すなわちキャリアたちは技官を見下している。彼らは技官のことを「専門バカ」と言って蔑（さげす）むのだ。

キャリア組には「俺はゼネラリストだ」という自負が伝統的にあるらしく、要はオールマイティだと思っている。私に言わせれば、いわゆる「地頭力（じあたまりょく）」は技官のほうが圧倒的にいいし、技官を「専門バカ」と言うなら、事務官など「専門バカ」どころか「専門」もつかない単なる「バカ」ではないか。

■キャリア試験で植えつけられる官僚特有の資質

では、こうした試験の傾向から何が分かるか。それは、**官僚には大した能力が求められていない**、ということだ。

一般に国家公務員採用Ⅰ種試験は、司法試験、外交官試験と並ぶ難関と言われる。だが難関とは、試験で得点することが難しいというだけであって、その試験に合格した者が優れた能力の持ち主であることを意味するわけではない。きちんと勉強すれば受かるということは、言い換えれば、個人のオリジナリティは排除され、何かひとつのことに飛び抜けて秀でた能力は不要とされるのである。「まんべんなく、ほどよく」できればいい。

前述したように、公務員試験の特徴は、

①勉強量と正答率が比例するような問題ばかり出される

②正答率を上げるために、難問を避けて平易な問題を優先的に処理する

である。

官僚の道への第一歩となる試験において、右の①と②が大きなスクリーニング機能を果たすのだから、合格して官僚となった人たちに特定の資質がビルトインされるのも当然だろう。面白いことに、巷間かまびすしく言われる官僚批判の源は、この試験システムにあるようにさえ思えてくる。

順に述べると、①の「勉強量と正答率が比例する出題」は〝お勉強秀才〟の世界で、何かの問題を与えられたときに、あらかじめ学習していたことならきちんと答えられる、その能力だけを問うている。ということは、官僚に創造性はいらないし、本当の問題解決能力もいらない。

私が言う「本当の問題解決能力」とは、未解決の事柄について何らかの解を導き出す能力のことである。前例のないことや、やり方が分からないものに対して、いかに対応するか。それが最も大切な問題解決能力のはずだが、この国の官僚にはそういう能力は、まったく求められていない。なぜなら仕事の場で必要ないからだ。答えが用意されている問題に答えられればいい。

すなわち「前例踏襲」である。

では、②の「難問を後回しにする受験テクニック」はどうだろう。実社会では難しい問題にチャレンジするほうが重要だ。しかし、公務員で難問に挑むのは愚か者とされる。前述したが、3時間の試験で難しい問題にずっと悩み、やっと1問できたとしても試験には落ちてしまう。だから先に易しい問題から片づけるわけだが、これは役所に入ってからも変わらない。

もうお分かりだろう。「問題先送り」である。

私も大蔵省に入ってから、ことあるごとに言われたものである。
「髙橋君、難しい問題は先送りしろ。やるな。やっても簡単に答えは出ないんだから」
と。

■天才は、いらない

官僚は易しい問題を解く能力に長けている。裏返せば、難しいことには手を出さない。答えが分かっていることを簡単に処理する。その意味での〝優秀さ〟であって、試験によって選別されたにすぎない。官僚の能力とは、しょせんその程度のものなのである。

平たく言うと、官僚には秀才は必要だが、天才はいらない。天才的な人物は、ときに常人とは思えないような行動をとったりするが、常人にはなしえない発想で新たな価値を創造する。そのために、何かひとつのことに執着しつづけたりもする。だから天才なのである。

私は自分のことを天才だとは言わないが、変人と思われる側面はあった。数学をやっていた学生時代、私は昼間は眠り、夜に起きて勉強していた。それも机に向かっての勉強ではない。ひとつの問題を頭の中でずっと考えて、ひらめいたときにメモをする。突然、思い立ったように外をフラフラ出歩くこともある。本人は集中しているのだが、傍からはボケッとしているようにしか見えないし、話しかけられても上の空だから、それこそ常人には理解できない。学生結婚した妻に「あなたはいつも何をやっているか分からない」と、よく言われた。

そういう人間なので、はっきり言って私は役人に向いていない。「じゃあ、なぜ28年も財務省にいたんだ」と言われると困ってしまうけれど、制限時間内に答えを出さなければいけない行政の世界と対極にあったことはたしかである。

行政の世界では、新しい問題について対応することはあり得ない。すべて定型的な問題である。官僚には定型的な問題への対処能力だけが求められ、それ以外のことはまったくする必要がない。いや、対処できない。したがって官僚に「未曾有の問題」についての解決策を求めても、求めるほうが間違っている。

冒頭で私は「日本の官僚は無能である」と述べたが、国民が官僚に多くのことを求めたとき、その無能さは露呈する。逆に「役人は判を押すだけの人間だ」と思えば、きわめて有能ということになる。たしかに、あらゆる許認可事項において、判をしかるべき場所にきちんと押せるという意味では有能と言えるかもしれない。だが、それは決して優秀であることにはならない。単に「特殊な能力」を有しているにすぎないのだ。

たとえば、日本人は戦後の高度成長を官僚が支えたと思っている。つねに批判の矢面に立たされる官僚だが、それでも1960年代の繁栄をもたらした政策は官僚の力に負うところが大きいと、なおも評価が残る。しかし、その評価は大きな誤解の産物だ。私から見れば、日本の官僚はほとんど何もやっていない。新しい価値を生み出していないからである。私が言う「無能」の論拠はここにある。

ところが日本人は官僚の「特殊な能力」を理解せず、盲目的に彼らを優秀だと信じ込んできた。よく言われる「官僚の無謬性」、すなわち「お上がやることは正しい。お上は優れている」という「官僚神話」が、いつの間にか醸成された。その神話は国民の側がつくり上げたものであり、ほとんど幻想だと私は思う。

■今も残る「脱亜入欧」の遺伝子

官僚に対する幻想は、近代の官僚制が整えられるにしたがって萌芽し、膨らんできたのではないか。逆に言えば、幻想が幻想でなく、実質を伴った時代があったということになる。少なくとも明治維新政府の初期から中期段階にかけては、官僚の優秀性が国家に寄与していたと言えるかもしれない。

いわゆる欧米列強国の外圧で開国し、誕生したのが明治政府なのだから、近代国家をつくるためには外国から知識を導入しなければならなかった。「お雇い外国人」を招き入れ、学校制度を急いで整備したのも、外国の文献を読める人間を育てることが目的だった。はっきり言えば、横文字（欧文）を縦（邦文）にできるというだけの能力だが、その「ヨコ・タテ」あるいは「タテ・ヨコ」の能力、つまり瞬時に翻訳できる能力を持つ人材が国家には必要だったのである。

近代国家形成の過程では、そうした人材は有為(ゆうい)であっただろうし、一般国民に対して圧倒的な優秀性を示しただろう。何しろ官立学校へ入り、文官高等試験を受け、官吏に登用されて翻訳にあたる明治の官僚は、数が少ないだけに、きわめて限られた存在だったのだから。

とはいえ、「ヨコ・タテ」の能力とは翻訳マシーンにすぎず、通訳として分かったように話しているが、本当は分かっていない。ただヨコをタテにしているだけで、翻訳能力こそあるものの、真の意味で優秀とは言えない。しかも、時代を経て外国の文献がいくらでも手に入るようになり、民間の翻訳能力が高まれば、役人の「ヨコ・タテ」の優位性などたちどころになくなる。今や誰でも翻訳ソフトを使う時代である。

ところが日本の官庁には、いまだに「ヨコ・タテ」優位性の遺伝子が残っているから面白い。キャリアで入省すると例外なく留学するのだ。国費留学である。日本の大学を卒業した官僚たちが、政府派遣の留学生というかたちで、また外国の大学へ行く。「ヨコ・タテ」を勉強する仕組みが明治の名残のように消えていない。

留学先といい、現地滞在中の生活環境の整備といい、霞が関の留学制度は民間に比べてはるかに充実している。留学期間は省庁と人によって異なり、1年間のこともあれば、2年、3年にわたる場合もあるのだが、経済産業省や財務省の若手は、ほぼ全員が何らかのかたちで留学している。私の場合は1998年から3年間、プリンストン大学に在籍した。

もっとも、フランスの官僚であれドイツの官僚であれ、非英語圏の官僚たちは英語圏の大学に留学する。例外はイギリスの官僚ぐらいだろう。英語が国際共通語である以上、英語習得はどの国の官僚にも共通の基本的資質なのかもしれない。それが〝知識人〟のひと

官僚が“優秀”だった時代

明治政府は「殖産興業」の知恵と技術を欧米から導入した。そのため官立学校を設立し、語学力のある官僚を養成した。写真上／官営富岡製糸所　下／東京大学赤門（いずれも時事通信フォト）

つの基準にもなっている。

しかし、日本の官僚が「知識人としての資質」をいくら身につけたとしても、国費留学による〝後づけ〟である以上、これも官僚の優秀性を示すことにはならない。

語学は学習の結果がもろに表われる世界で、語学力は勉強時間にほとんど比例する。どんな人間でも1万時間勉強すれば、一定の水準には達する。その1万時間をどのように確保するのかという話なのだ。

たとえば日本にいて、1日2時間、毎日語学の勉強に充てたとしよう。すると1年間で730時間だから、1万時間を確保するには13年以上かかってしまう。気の遠くなるような長さである。ところが留学して英語圏の国に出れば四六時中、否応なしに英語を聞いたり話したりしなければならない。仮に半日が英語漬けの生活とすれば、1日12時間を勉強に使うことになる。日本で勉強する時間の6倍である。ということは、約2年で1万時間をクリアできる。

要は、先に述べた公務員試験と同じことだ。「時間をかけて」「あらかじめ決められた内容を」「教科書どおりに」勉強する。そうすれば〝優秀な人〟になれる。というか、優秀に見える。つまらない話である。これが本当の意味での優秀性かと言えば、まるで違う。

■「通産省批判論文」の反響

たしかに明治期の欧米列強に対するキャッチアップの過程では、語学習得能力はひとつのアドバンテージであっただろう。何ごとにおいても「欧米の先例」という情報を逸早く入手でき、それを民間に教えることによって産業が発達する可能性はあるし、民間もありがたがる。けれども前述したように、この「ヨコ・タテ」文化は、日本がキャッチアップを終えた時点で優位性を失った。

にもかかわらず、日本の省庁は「ヨコ・タテ」文化を墨守している。経済産業省（旧通商産業省）など最たるもので、それで大きな顔をしていたのではないか。

かつて通産省は、「日本株式会社の司令塔」と謳われ、海外でも「マイティ・ミティ」(Mighty MITI／力強い通産省＝Ministry of International Trade and Industry）と勇名を馳せた。通産省による産業政策（特定産業の成長促進や保護）が戦後の高度成長を主導したからだという。しかし、この〝定説〟に私はまったく否定的だ。

今から20年以上前、私は「日本的産業政策はもはや過去の遺物だ」と題する論考を経済誌に寄稿した。『Economics Today summer 1988』という学術的な季刊誌である。当時の私は33歳、出向先の公正取引委員会経済部から大蔵省証券局に戻ったころだった。

論考の内容を簡単に言うと、通産省の産業構造改善政策について、さまざまな日本の産業のデータを定量的に分析したうえで、「もはや意味がない」と結論づけたものである。「しょせんはマーケットの動きにはかなわない」と書いた。現役の大蔵省の役人が実名で通産省の批判をしたものだから、けっこうセンセーショナルな反響があり、政府の白書などにも取り上げられたと記憶している。

さすがに私でも「こんなことを書いたら通産省に怒られちゃうかな」という意識が働いていたので、通産省のことを持ち上げてもいる。産業政策はすべて意味がないと言い切ってしまうのではなく、たとえば「ビジョン行政を行なって民間が受け入れるのであればいい」とフォローした。

ビジョン行政とは、要するに「海外ではこんなことをやっていますよ」と情報を伝え、民間に方向性を示す政策である。実体があるようでないのだが、殖産興業の時代には通用した。しかし当時の通産省の実情を見れば、そのビジョン行政すらできていなかったのである。すなわち私が持ち上げたところで、通産省の言うべきこと、やるべきことがなくなってしまったに等しい。

■日本の成長産業は「官」に従わなかった

ここで現代に目を向ける。私が「過去の遺物」とした産業政策が、今もなお官僚主導で生き続けている例を紹介しよう。

２００９年12月30日、民主党政権が「新成長戦略」（名目で年平均３％、実質２％）を公表した。このときのポイントが、具体的な成長産業をターゲットに掲げ、その産業に各種の助成措置を行なう「日本的産業政策」なのである。成長戦略では、環境、エネルギー、健康、観光などが成長産業としてターゲットになった。

当時、自民党のある政治家は、「民主党の成長戦略は自民党のものと内容が同じである」と言っていた。それはそうだろう。政策の元ネタは経産省の役人から出ているのだから、民主党も自民党も内容は似たり寄ったりになる。４カ月前の２００９年８月に政権交代をなし遂げ、「脱官僚依存」を旗印にしていた民主党が、自民党時代と変わらぬ官僚依存の政策を打ち出したことに、私は「民主党の看板が泣く」と公言したものである。

なぜ民主党も自民党も、政治家は成長戦略が好きなのか。簡単な成長戦略があれば、世界中の貧困問題もとっくに解決しているはずなのだ。つまり、成長戦略は容易に解が見つけられない難問なので、政治家が国民に夢を与えることができる。だから政治家は成長戦略に飛びつくのである。

そこに官僚が「産業政策」という名目でつけ入り、政治家のほうにも選挙対策として個別産業・企業とパイプを持ちたいという思惑が働く。政・官の〝利害〟が一致する。

成長産業を見出し、保護・育成する産業政策は、日本独特のものだ。そんなにいい政策ならば、世界中で流行しているはずなのに、日本だけが伝統的にやっている。もちろん、環境、医療などの分野で、国の環境政策、医療政策までを私は否定しないが、国を挙げての産業育成には大きな問題がある。国がある特定産業をターゲットにすると、結果として産業がダメになるというネガティブな話が多いのだ。

日本の戦後成長の歴史を見れば、このことは歴然である。通産省（現経産省）がターゲットにした産業は、石油産業、航空機産業、宇宙産業など、ことごとく失敗している。逆に、通産省の産業政策に従わなかった自動車産業などは、世界との競争の荒波にもまれながら、日本のリーディング産業に成長してきたではないか。

1961年7月のことだが、通産省は自動車産業の「グループ化構想」を打ち出し、強力に推進した。当時の自動車会社9社を、①量産車グループ、②特殊乗用車（高級車やス

「高度成長を支えた通産省」という嘘

「日本株式会社の司令塔」と呼ばれた通商産業省(現・経済産業省)。日本の高度経済成長は「官の力」の賜物という定説は、実は虚構である。写真上／銀座の歩行者天国　下／建設中の首都高速道路(2点とも毎日新聞社)

ポーツカーなど）グループ、③軽自動車グループの3つに分け、それぞれの生産に特化するように規制を図ったのである。しかし、民間の猛烈な抵抗に遭い、この構想が実現することはなかった。とくに強硬に反対したのは本田宗一郎氏だと言われる。もし、この「自動車産業のグループ化」が日の目を見ていたら、本田宗一郎氏のホンダはおろか、日本の自動車産業が世界マーケットを席巻することはなかっただろう。

産業政策に意味がないと指摘したのは私だけではない。たとえば、竹内弘高教授（一橋大学・当時）が行なった研究によると、日本の20の成功産業について政府の果たした役割は皆無だった。また、三輪芳朗教授（東京大学・当時）の一連の研究では、高度成長期でさえ産業政策は有効でなかったとされている。

要するに、国に産業の将来を見極める眼力があればいいのだが、現実にはそんな魔法はない。もはや「ヨコ・タテ」文化の優位性が失われた今、必要なのは、国による選別ではなく、競争にもまれることなのである。

■なぜ「日本株式会社論」は広まったのか

1984年に出版された『日本の産業政策』（小宮隆太郎・奥野正寛・鈴村興太郎編／東京大学出版会）という本がある。24人いる執筆者は、通産官僚1人を除いてみな経済学者だが、学者の習性なのだろう、現象面では確実に産業政策の意味が消えつつあるのに、「意味がある」と理論的に説明したがっている。その内容に私は呆（あき）れてしまった。

産業政策の理論的根拠を述べつつ、通産省を誉（ほ）めている。それも誉めすぎだから、読んでいるこちらのほうが恥ずかしくなるくらいだった。一部を引用しよう。

〈……官庁の中で通産省はもっとも早くから経済学者たちの主張に耳を傾けて、価格機構の機能と企業間競争の役割を積極的に評価する政策に転換し、また貿易自由化、直接投資自由化等の意義を積極的に評価し、閉鎖経済的な志向から開放的な国際経済関係を重視する考え方への転換を目指してきたといってよい〉（『日本の産業政策』序章）

これ以外にも、たとえばある業界について、「少ない補助金でこれだけの効果を出した」

などと書いてある。「少ない補助金」は事実だが、効果と言えるほどの効果は出ていないのが真相なのだ。もともと効果が出ないような政策なのだから当たり前である。

先に掲げた『Economics Today』誌の論考を執筆する際、私は産業界の人たちにヒアリングを行なった。そのとき彼らが口々に言っていたのは、「少額でも補助金をもらえるから適当にやっています」「通産省は明確なビジョンを持っていない」「通産省の言うことを聞いてもしょうがない」ということである。つまり面従腹背で、役所に従っているふりをしながら、マーケットの動きなどを見て自助努力を続けていたのが民間の実態だったのである。

逆に言えば、通産省はマーケットの動きを後追いし、それだけで何となく「自分たちがやっている」ように振舞っていた。産業界の先導役など果たしていなかったのだ。

それでも「日本株式会社論」を語るとき、枕詞のように「日本官僚の優秀性」がついて回るのはなぜなのか。私に言わせれば、それこそ「何となく」の産物としか思えないのである。

山本七平氏は『「空気」の研究』（1977年初版／現在は文春文庫）で、日本ではあらゆる議論が、最後にはその場の「空気」によって決定されることが多く、「空気」という妖怪がすべてを統制し、各人の口を封じると述べた。その伝でいけば、「高度成長を支えた優秀な官僚」という〝定説〞も「空気」に支配され、「何となく」誕生したと言える。

戦後日本の経済成長は数字上でも事実である。だが、高度成長期から安定成長期に転じた1970年代末ごろにおいても、高度成長の理由をきちんと説明し、証明できる人はいなかった。そこに「日本株式会社論」のような、何となくまっとうな説明が登場したものだから、たとえ客観的な証明がなされていなくても、大多数の日本人が異論を挟むことがなかったのではないだろうか。

たとえば、国際政治学者のチャーマーズ・ジョンソン氏が1982年に著わした『通産省と日本の奇跡』（矢野俊比古監訳／TBSブリタニカ）は、ズバリ「日本の高度成長は通産省主導の産業政策によって達成された」と指摘している。もともと「日本株式会社（ジャパン・インク）論」は1970年代初頭にアメリカで生まれた概念で、ジョンソン氏の著作もその延長線上にあるとされる。「ヨコ・タテ」文化のなせる業なのか、みごとに日本に導入されて「優秀な官僚」神話の醸成に一役買った。

また、日本国内では1979年、いわゆる「40日抗争」（自民党の主流派と反主流派による党内抗争）が起きて政治的混乱状況が見られたとき、日経連の桜田武会長が面白い発言をしている。

曰く、

「日本はいくら政治がこんな状況になっても大丈夫だ。日本の政治は三流でも、経済は一流だ。なぜならば立派な官僚がやっているからだ」

本当は桜田氏も、通産省の産業政策に意味がないことを分かっていたはずだ。財界発信のリップサービスである。しかし、この発言がまことしやかに広がり、まだ残っていた高度成長の余韻も手伝って、「優秀な官僚」も「日本株式会社論」も〝定説〟になったのだと思う。そこには何の通用性もない。

言ってみれば人畜無害な仮説なので、それが否定されたとしても、誰にも迷惑はかからない。日本の経済成長自体は事実だったのだから、「なるほど、そういうことか」と根拠のない合意が何、と、な、く、形成された。

■産業政策は役人の失業対策

私は『Economics Today』誌に寄せた論考で、「日本の経済成長は行政の主導によるものではない。マーケットの圧力が決定的だった」と結論づけた。日本の産業界が世界に出て行き、世界のマーケットの中でもまれた。それが結果として成長の原因だったということを数字で示したのである。「空気」が支配するこの国では許されない、「水を差す」行為をしてしまった格好だ。

通産省の役人は面白くなかっただろう。産業の発展に官僚の力が何ら貢献していないことが証明されれば、それまで培った官・民の〝もたれ合い〟構造にひびが入る。身も蓋もない話だが、天下りがしにくくなるのである。

この論考を書いた約20年前のこと、産業政策の議論をしたときに、産業政策の正当性を主張する役人に対して、私は「どうしても産業政策をやりたいなら、自らがプレーヤーとなって行なえばいい」と言ったことがある。そのときの彼らの反応から、産業政策は役人の失業対策になるかもしれないが、国民のための政策ではないと思った。

今も強烈に印象に残っているのは、通産省などの官僚とともにいくつかの業界の人に話を聞き、実態調査をしたのだが、業界の民間人だと思っていたら、実は通産省などの天下りOBだったことだ。いわゆる「専務理事政策」である。

業界には「事業者団体」と言って、業種別に「〇〇協会」などの名がつく職能団体がある。たとえば銀行業なら「全国銀行協会」「全国地方銀行協会」「第二地方銀行協会」、鉱業なら「日本鉱業協会」「日本砂利協会」「石灰石鉱業協会」、建設業なら「全国建設業協会」「全国中小建設業協会」「日本土木工業協会」……と、とにかくありとあらゆる団体がある。

問題は、それらの団体において、常勤の「専務理事」が業界の監督官庁からの天下りであることだ。理事長や理事はたいてい業界の人が非常勤で務めているが、産業政策を行なうときには、「専務理事」が業界と役所との連絡調整などで活躍するのである。

実態調査で「専務理事」に面会し、実はその人が民間人ではなく天下りだと知って、私は「そうか、役所としては産業政策が有効でなくても、専務理事ポストさえ確保できればいいのだな」という印象を受けた。この経験は、私の「産業政策無意味論」を補強した。

産業政策が有効でない最大の理由は、政府が有望な産業を選べるほど賢くないことである。ちょっと考えれば分かるだろう。もし官僚に、将来の有望産業を見きわめる能力があるのなら、役所の斡旋（あっせん）など受けないで、自らその将来有望な業界に転職する人が多いはずだ。しかし、官僚のほとんどは天下り斡旋を受けている。

37ページで紹介した民主党の「新成長戦略」は官僚の作文であるが、作文を書いた官僚たちの中で、成長産業と位置づけた「環境、エネルギー、健康、観光」に現役で転職する人がどれだけいただろうか。

政策的に特定産業をターゲットにすれば、そのための法案を通すことで、役人にとって「天下り先」という果実のような副産物を生み出せる。過去の遺物である産業政策が日本でだけ続いてきたのは、こうした側面が否定できない。国で産業政策を行なえば、また天下り団体がたくさんつくられるのが関の山ではないか。

■ 失われた大蔵省の許認可権

経産省（通産省）のことばかり論(あげつら)っては公平性を欠くだろうから、私がいた財務省（当時は大蔵省）の話をしよう。経産省の産業政策が意味をなさなくなったように、財務省も地盤沈下に陥(おち)いってきた。きっかけは「金利の自由化」だった。

日本では1970年代後半から段階的に金利の自由化が推進されたのだが、最終的に1994年、無利子の当座預金を除いてすべての預金金利が自由化された。すると、財務省のやることがなくなってしまったのである。

金利規制があった時代は、預金者はどの銀行に預けても同じだから、銀行にとって店舗を開設することが生命線だった。新規店舗をひとつ開設すれば、その分の収益が上がる。すなわち開設した店舗数が銀行の収益を決めていた。

すると大蔵省で銀行を監督する立場の役人は、たとえ係長クラスでも絶大な権限を持つことになる。銀行は何とか店舗の開設を認めてもらいたいから、役人を必ず上に奉(たてまつ)り、ものすごい接待攻勢をかけた。実は銀行の店舗開設など、大蔵省の許認可事項ではあるものの、役所的に考えたら課長がオーケーすれば済む。それこそ判を押すだけである。はっきり言えば大した話ではないのだが、銀行側は必死だった。相手が本省の銀行局長ともなれば神様扱いである。

しかし、金利自由化で役所の認可が不要になると、大蔵省の権限もどんどん低下してきた。店舗の開設以外では「商品認可」と言って、大蔵省が銀行の商品をひとつひとつ認可しており、それが店舗開設と同じように銀行の収益に直結していたが、やはり自由化されて大蔵省の許認可権は消えた。私が入省して10年ほどたったころのことだ。役所のやることが少なくなってくる雰囲気を肌で感じた。

■ すさまじかった金融機関の接待攻勢

その後、1998年1月に「ノーパンしゃぶしゃぶ事件」が起きる。大蔵省の官僚が銀行から接待を受けていたというので、刑事事件としてスキャンダルになったが、スキャンダル化しない接待は昔からあった。外に漏れなかっただけである。

私が入省した1980年当時でも接待攻勢はすごかった。

夕方になると、上司から「宴会に行くぞ」と声をかけられる。大蔵省の前には黒塗りの車が待っていて、そのまま高速に乗り、向島（むこうじま）だかどこかの料亭に到着する。そこに待機していたのは金融機関の人たちと、踊りを踊るような和装の女性群だった。あとは飲めや歌えやの大騒ぎである。支払いはもちろん業者持ちだ。私は社会人になって間もないから、ただびっくりした。「何だ、これは」の世界が目の前に広がっていた。

上司は私のことを「今度の新人です」とか何とか業者の人に紹介し、こちらもおずおずと挨拶（あいさつ）する。相手は金融業界の、いわゆる〝MOF担（モフたん）〟（対大蔵省折衝担当者）だった。今となっては懐かしい言葉である。

私も最初はMOF担の意味が分からなかった。料亭で挨拶した人は年がら年中、大蔵省の中にいて、そのへんを歩いている。ちょっと暇そうな官僚を捕まえては何か話し込んでいたりするので、役所の人間かなと思ったほどだ。しかし、それが彼の仕事だった。勤務先のはずの金融機関に出社するのではなく、大蔵省に直行し、情報収集をする。ときどき手帳を広げていたのは宴会やゴルフのスケジュール調整だろう。

■民間業者が役所の仕事を肩代わり!?

ＭＯＦ担の仕事は官僚から情報を仕入れることだが、もっと大きな仕事がある。役所のやることを〝肩代わり〟してしまうのだ。どういうことかと言うと、役所が何かの規則をつくるときに「お手伝いします」と近寄ってきて、本当に手伝うのである。

私は入省後、証券局に配属され、公正取引委員会に出向してから、１９８８年にふたたび証券局に戻ってきた。そのときの私は課長補佐で、「お手伝いしますよ」と言ってくるＭＯＦ担がたくさんいた。私はマニアックで何でも自分でやってしまうのが好きだから、彼らに頼むことはなかったが、役所の中には丸投げして、ペーパーの作成までやってもらう者もいた。

スキャンダルに襲われた大蔵省

銀行の大蔵省折衝担当者(MOF担)が大蔵官僚の接待に使った店舗の営業形態から「ノーパンしゃぶしゃぶ事件」と称される。1998年1月、大蔵省に東京地検特捜部が入った。写真/毎日新聞社

制度設計から資料作成まで、すべて業者の人に任せてしまう。当人は夜、飲んで遊んで、次の朝には業者がつくったペーパーを「私がやりました」と、平然と上司に提出する。嘘のような本当の話である。

ＭＯＦ担が手伝っても、官僚は絶対に「業者にやってもらった」とは言わない。しかしペーパーを見れば分かるものだ。政令や法律が、金融業者の手によってつくられてしまうのだから、中身は自ずと業者に都合のいいものになる。

私は１９９３年に大臣官房金融検査部に移り、不良債権問題を担当した。上司から「不良債権処理のプランと、そのための規則をつくれ」と命じられたのだが、どこで聞きつけたのか、全銀協（全国銀行協会）の人がすぐにやってきて「何かご用はありませんか」と言う。

「とくにありませんけど」

と答えても、しょっちゅう来るので、不思議に思いながらも無視していた。そうこうしているうちに、自分でプランと規則をつくってポンと提出したところ、また全銀協の人が来て、今度はこう言われた。

「髙橋さん、困るんですよ。私たちの立場がなくなります」

何のことかと思って話を聞いてみると、

「髙橋さんがこの規則をつくるのは知っているから、全銀協としてチームもそろえて、全部こちらでやるつもりだったんです。なのに、髙橋さんがそれを蔑ろにして、ご自分でつくって出してしまった。私たちはメンツがつぶれて大変です」

これには私のほうがびっくりした。以下、私と全銀協の人とのやりとりである。

「だって規則は私がつくるんじゃないの」

「そんなのは髙橋さんしかいませんよ。普通の方は、みんな私たちに頼んでやっていましたよ」

「みんな、って」

「〇〇課の××さんも、△△課の□□さんもそうです」

「そういうふうに言われても、私は自分でつくっちゃったから」

……。

と押し問答になったのだが、銀行業界で私の評判は下落した。彼らにすれば、役人が勝手に規則をつくるなど言語道断で、腹が立ったのだろう。マスコミを通じて私の悪口を流布させたりもした。またマスコミもマスコミで、銀行業界の意向を真に受けて、私がつくった規制をさんざん叩いた。

私が手がけるまで、不良債権処理の仕方は世界の標準からずれていた。というか、日本の銀行に都合よくずれていた。それを直してしまったものだから、銀行業界にとっては非常に不満足だったのだろう。

■「袖の下」と「誘惑」

この不良債権処理プランの策定は、大蔵官僚にとって初めてのイシューだった。すなわち前例がない。先に述べたように、官僚は前例に則(のっと)って問題を処理するのは得意だが、未曾有の事態に直面すると、何をやっていいか分からなくなる。自分の手で問題解決をすることができない。

こんなときこそ、「ヨコ・タテ」文化の出番のはずで、前例を外国に求めれば解決の糸口も見えてくる。私がどうしたかと言えば、たとえばアメリカのＦＤＩＣ（連邦預金保険公社）の検査マニュアルを読み、訳してみた。不良債権処理では世界に基準がたくさんあったのである。

官僚は外国の文献を読む訓練を受けているのだから、ちょっと考えれば「そうだ、○○国のマニュアルを訳してみよう」と思い至るはずだ。だが、仮に思ったとしてもやらなかった。自分でやるよりも業者に頼んだほうが楽だからである。夜は業者と飲み、次の朝にはペーパーができている。これほど楽な方法はないだろう。

役人が仕事をせず、民間業者が代行する。国民はたまったものではない。業者と酒を飲むのが仕事のようになってしまった官僚さえいたほどだ。そんな中で、「ノーパンしゃぶしゃぶ事件」が起きたのである。

事件の翌年、1999年に「国家公務員倫理法」ができ、官・民の〝癒着〟に一定の歯止めがかかるようになった（施行は2000年4月1日）。逆に言えば、それまでは何の規制もなかったようなものだから、たとえ金品の授受があっても、「（官僚側に）そこまでの権限はない」「盆暮れの挨拶である」などと、贈収賄を逃れる方便も用意されていた。実際、役所には「お中元」や「お歳暮」の名目で洋服の仕立て券などが業者から届くのだ。

あるとき、私の部下が業者の接待を受け、その席で現金を受け取ってしまったと耳にしたことがある。私はとんでもないと思って即座に返させたが、当人は「先輩たちも、もらっているんでしょう」などと言う。無頓着さかげんに開いた口がふさがらなかった。

自由化で大蔵省のやることが少なくなったとはいえ、許認可権がすべて失われたわけではないし、政策をつくるのは官僚なのだから、権利・権限を握っていることに変わりはない。「権限」と「利権」はコインの表と裏のようなもので、このことに無頓着な（つまり無能な）役人が、きわどい誘惑に引き込まれるのだ。

1992年から93年にかけて、私が理財局国債課にいたころのことである。国債課は日本国債の入札を行なう。政府が国債を売り出し、金融機関が応札する仕組みだ。入札だから金融機関が入れた高い札から落札し、仮に発行額が5000億円なら5000億円分が売れた時点で終わる。そうすると、どこかで最低落札価格という線引きが生まれる。それ以下では国債を買うことができない。もちろん最低落札価格は入札後に公表される。しかし、この線引き価格をその公表の数分前に知っているだけで、金融機関はビジネスになるのだ。

どういうことか。たとえばA社が最低落札価格を知っていれば、ライバルB社の玉（買いの状態の規模。この場合は入札価格と量のこと。ポジションとも言う）を予測できる。金融機関は政府から買った国債を、マーケットを通じて取引先に売るわけだから、A社がB社の客を奪おうとしたら、B社よりも安く資金を突っ込んでしまえばいい。ほんの1銭違うだけで、B社の取引先は、A社を含めた他の金融機関から国債を買う。ある程度大きな金融機関なら、ライバルをすべて潰すこともできるのだ。

だから金融機関は最低落札価格を知りたがる。はっきり言えば、大蔵省に接触してきて「教えてください」である。「教えてくれたら○○万円差し上げます」という話で、私の感触では、ひょっとしたら教えた人間はいないと断言できない。いずれ公表されるのだから、その少し前に漏らしてもいいだろう、という甘い考えがあっても不思議ではない。役所の情報は換金性がきわめて高いから恐ろしい。

■増税政権の陰に有名財務官僚がいた

「衆愚」という言葉がある。民主政治はしばしば「衆愚政治」と揶揄される。辞書ではこうなっている。

〈しゅう - ぐ【衆愚】多くの愚かな人々〉

〈しゅうぐ - せいじ【衆愚政治】自覚のない無知な民衆による政治。ペリクレス死後のアテネの民主政治の堕落を批判していった語〉（『大辞泉』）

愚かな国民による投票で選ばれた愚かな政治家が、愚かな政治を行なうと理解できるだろう。そういうこともある。これ自体を私は否定しない。日本の政治には、いつも「衆愚」の批判がついて回ってきた。しかし、国民と政治家だけに責めを負わせるような、不完全な考え方には与することができない。「無知な民衆による政治」には、「政」と「民」はあっても、「官」が抜けている。

しかも、「官」は代議制民主政治の行政府にあって、選挙の洗礼を受けていない。「お勉強秀才」用の試験に合格しただけだ。そのうえ、これまで見てきたように、意味のない政策と再就職先の確保、および特定業者との癒着を続けてきた。その「官」が実質的に政治を動かしている。こと日本においては、「衆愚」ならぬ「官愚」なのではないか。

「まえがき」で触れたが、民主党政権の増税路線を牽引しているのは財務官僚である。

２０１０年11月16日、前財務次官の丹呉泰健氏が読売新聞社の社外監査役に就任すると報じられた。この人事は１カ月後の12月14日、同社の臨時株主総会で正式に決定する。一方、丹呉氏読売入りの報道の３日後、「菅直人首相と与謝野馨氏が首相公邸で会談した」

「菅」と「官」の増税つながり

丹呉泰健氏(写真左上)は菅直人首相(左下)が財務相当時の事務次官。その丹呉氏は「大連立論者」渡邉恒雄氏(右上)率いる読売グループ入りし、「増税論者」の与謝野馨氏(右下)は「連立」どころか菅政権入りした。写真/毎日新聞社

という記事が出た。この一見、何の関係もない二つの出来事に、私はきな臭さを感じたものである。

丹呉氏は小泉純一郎(こいずみじゅんいちろう)氏が首相に在任中、5年半にわたって総理秘書官を務めた。異例の長さだが、小泉氏はその間、財務省が狙う増税になびくことはなかった。しかし、菅直人氏は財務相になったとたんに、増税を言い出した。そのときの財務事務次官が丹呉氏だった。丹呉氏は2009年7月に事務次官に就任している。

かの『文藝春秋』は、定番コーナーの「霞が関コンフィデンシャル」で以下のように書いた。

〈(丹呉氏が)財務事務次官に就任直後、政権交代。民主党政権が、初の予算編成を何とかこなせたのは丹呉氏がいたからだ。予算編成後、菅直人氏が財務相に就任。菅氏はその後、消費税増税の必要性や、財務省の天下りポスト拡大につながる国際協力銀行の分離独立論など、財務省寄りの発言が目立った。振りつけ役が丹呉氏とされる〉(『文藝春秋』2011年2月号)

私が感じた「きな臭さ」とは、こういうことだ。

丹呉氏を迎え入れた読売新聞グループ本社会長の渡邉恒雄氏は、２００７年11月に騒がれた〝福田康夫（自民党）・小沢一郎（民主党）大連立〟を仕掛けて以来の「大連立論者」として知られる。そして増税論者の菅氏と、これまた増税論者の与謝野氏が会談したのだから、当然増税路線が話し合われたはずであり、その陰に丹呉氏という財務官僚がプロンプターのごとく寄り添っていたのではないか。

新聞報道が出た当時、自民党執行部も増税路線であることから、私は「民主党と自民党の増税大連立を、与謝野氏が橋渡しするかもしれない」と思ったのだが、結果は当たらずとも遠からずで、周知のとおりである。

国民不在のまま官僚が政治を動かしているかぎり、「衆愚ならぬ官愚」は続いてゆく。

2章

「官僚神話」という幻想

いまだに役人を「お上」と呼ぶ日本人。
そのメンタリティは何によるのか

■刷り込まれた「官僚信仰」

亡き松本清張氏は、1963年に著わした『現代官僚論』（文藝春秋新社／当時の社名。同書はのちに『深層海流・現代官僚論』として全集に収められた）の中で、次のように述べている。

〈官僚に対する悪口は、いつの世でもあとを絶たない。いろいろとあるが、この批判は総じて三つの段階に分けることが出来るであろう。仕事については事大主義、消極、保守（すぐに前例を云々する）、非能率などがあげられ、自己と周囲の関係としては保身、出世、縄張争い、派閥と階級性などがあげられ、外部の下の者、つまり国民に対しては不親切、蔑視、支配観念などがあり、同じ外でも自己より上のほうには逆に無抵抗、柔順、迎合（手心、便宜）、卑下、阿諛性などがあげられる。

　これらの性格の形成は、一口に言って権力を持っていることから生れる。

　この権力の中核は言うまでもなく、戦前は明治憲法以来の絶対主義天皇制であった。官吏は天皇の名において任命され（奏任官、勅任官）、その他の下僚でもこれらの上司により任用される（判任官）ので、やはり天皇の下部使用人である。従って、戦前の役所は、建物の玄関の壁上には菊花の紋章が金色に輝き、下の玄関口に出入りする民衆をまず畏怖させたのである。

戦後になると、天皇は「国家の象徴」となり、天皇統治のかたちは無くなったが、官僚の性格が依然として変わらないのは、戦後の改革が下からのものでなく、上からのものによる不徹底さ、曖昧さによるからである。つまり、官僚は戦後でも実質的にはあまり変化が無かったのである〉（振り仮名は引用者による）

半世紀前の言説だが、今読んでも立派に通用するあたり、さすが松本清張の卓見と言うべきだろう。いや、むしろ日本の官僚の本質は、半世紀を経ても（もしくは松本清張氏が言うように戦前から）変化していないと解釈することもできる。

こうした官僚制研究に基づく官僚批判は、すでに松本清張氏以前、戦後間もないころから見られるようになった。評論家やジャーナリストたちが、そのときどきの政治的トピックを取り上げつつ官僚を否定的に論じる。言論人が国民の思いを代弁したかたちである。そのたびに、読者すなわち国民が溜飲（りゅういん）を下げるという構図が繰り返されてきた。

日本人がこぞって官僚を批判するのは、実は日本人のメンタリティとして「本当のところでは官僚を尊敬している」からではないか、と私には思える。官僚を優秀だと信じ、官僚の職分をありがたがっているからこそ批判が出る。前章で述べたが、国民が官僚に多くのことを求めたとき、官僚の無能さが露呈するものだから、批判の集中砲火が起きるのではないか。

地方分権が各所で叫ばれているとはいえ、日本は相変わらず中央集権の国である。明治政府の殖産興業政策以来、中央政府と官僚による近代国家建設が一定の成功を収めた。その記憶が日本人の中に、いまだに残っている。

どんな国でも、最初に国家を立ち上げるときは人材が限られている。いきなり民間企業が手を下すこともできないから、政府が主導することになる。その際、少数のエリートを先進国に留学させ、あるいは先進国から有能な教師を招いて外国の制度を真似る。明治政府も例外ではなかった。

前章の「ヨコ・タテ」文化を持ち出せば、外国の事情を知った少ない人々が中心になって国づくりが行なわれた歴史がある。「ヨコ・タテ」の優位性があればこそ、官僚は尊敬され、官庁には賢い人が集まっていると国民に思われたのだろう。明治に芽生えた「官僚神話」は、いつの間にか「官僚信仰」となって日本人に刷り込まれたのだ。

日本人は役所や役人のことを「お上（かみ）」と言う。「お上」とは下位の者が上位の者に対して使う言葉であって、宮中で口語として用いられる「おかみ」（主上、聖上などと表記する）といえば「天皇」を意味する。松本清張氏が指摘するように、明治政府における官僚が天皇に直結した最高権力機関であったことを思えば、日本人が官僚に対して抱くメンタリティを、この「お上」という言葉に感じずにいられない。

■外国にあって日本にない仕組みとは

「官僚神話」は終戦直後まで有効なモデルだった。そこに戦前までの検閲から解放された言論人が、言論の自由を得て批判を浴びせ始めた。だが、今でも〝神話〟は残っている。ある人と話をして分かったのは、日本では「官僚が政治的に中立で、それゆえ業務をきちんとやってくれる」という意識が強いことだ。官僚信仰を裏づける話である。

諸外国の官僚制度を見ると、一般的に官僚には二つの要素が必要とされる。それは、

①政治的な中立性
②政治的な即応性

である。

政治的な即応性とは、政治的な意図を敏感に察知し、すぐに対応する素質のことだ。なぜなら、政権交代などがあったときに、民意を代表するのは政治家しかいない。だから政治家の意図を民意として反映しなければならないからである。

ところが日本には②の「政治的な即応性」が一切なく、①の「政治的な中立性」だけで官僚制度ができている。そのため、今でも「官僚は中立でなければいけない」とだけ思い込んでいる。

普通の国は、中立である官僚と、政治に対応する官僚の二本立てなのだ。そして、政治に即応する官僚のほうが実はランクが高い。この「政治に即応する官僚」を政権が登用することを「政治任用」(ポリティカル・アポインティ/political appointee)と言う。だが、日本に政治任用と呼べるシステムはないに等しい。

システムがなくても国全体が機能する。この事実は、「政治家は信用していない。行政は官僚に任せろ」という日本人の気持ちを代弁している。国民が「政治に即応する官僚」を求めていないということだ。

たとえば、各省の事務次官は官僚のトップである。事務次官は公務員試験をパスしてその省庁に入り、下から職位を上げてトップに上りつめた官僚だ。官僚のトップが官僚出身であるということを日本人は当然だと思っているだろう。

官僚組織にトップを据えるのは、どこの国にもある当たり前の制度だが、しかし複数の省庁にわたってトップのすべてを公務員出身者が占めることはない。ことに先進国では、官僚のトップは、およそ半分が外部からの民間人を含めた政治任用で、残りの半分が省庁の「下から上がってきた」生え抜きという顔ぶれになる。

アメリカは、長官（日本の大臣に当たる）から局長クラスまでの約３０００人が大統領の任命による政治任用であるし、イギリスでは大臣が２人まで「特別顧問」を政治任用する。よく知られるように、アメリカは政権交代に伴って、政治任用ポストの３０００人もすべて異動する。

だが日本の場合は１００％、「下から上がってきた役人」がトップの座に就き、政治任用がない。試験に合格した官僚がポストを得るという意味では、日本は「資格任用制」なのである。

■政治任用ポストを増やさなければ官僚が暴走する

日本は内閣法その他の法律で「政治任用職」の設置を謳(うた)っているものの、首相が任命する各省大臣や、その下位に属する副大臣、大臣政務官、官房長官といった政治家が就くわずかなポストを除いては、事実上すべて官僚の指定席になっている。大臣に各省職員の任命権があるとはいえ、実際は企業の年功序列のように出世競争の産物なのだ。閣僚(政治家)は解散や総辞職によって顔ぶれが変わるが、そのスタッフである官僚は、〝政治的な中立性を保つために〟不変なのである。

官僚の政治的中立性を一方的に重んじ、政治的即応性のほうは蔑(ないがし)ろにされて政治任用ポストがない。これが民意であるとするならば、やはり日本という国は「官僚が政治家に左右されてはいけない。官僚は優秀なのだから、ちゃんと国の仕事をやってくれる」という価値観に支配されてきたとしか思えない。

見方を変えれば、前記の「①政治的な中立性」と「②政治的な即応性」が両立しない制度下では官僚の自由放題が許されてしまう。政治任用ポストの多い国では、国民が行政府を監視し、アメリカの例でも分かるように、国民の批判は政権交代というペナルティで結実する。政権が交代すれば政治任用職はその日から政府での仕事を失うのだ。

だが日本では「官僚は絶対的に正しい」という無謬(むびゅう)神話の裏側で、官僚をチェックし、ペナルティを与える仕組みがない。世界的にきわめて珍しいケースである。その代わり、ガス抜きのように世論が官僚批判を繰り返す。本来的に官僚に過度な期待をかけていなければ、批判などさほど出ようもないわけで、この点を見ても日本人の〝官僚信仰〟を窺(うかが)い知ることができるだろう。

さらに、過度な期待をかける反面、期待を裏切られたときの制度的ケアがまるでない。普通の国は「政治的な即応性のある官僚」、すなわち政治任用ポストを増やすことで、仮に官僚が独走、暴走したら政権交代とともに葬り去られる仕組みをつくっている。しかし日本の場合は、政治家と官僚が完全に二分されるため、いつも行政上の責任をとるのは政治家であり、官僚は一切、責任を負わない。たとえ内閣が倒れても、自分の首はつながるのだ。「政治主導」ならぬ「官僚主導」は、この体制を狡猾(こうかつ)に利用した賜物(たまもの)であるというのが私の理解である。

さすがに日本でも政治任用を増やすべきだとの議論が近年、急速に高まって、公務員制度を改革する法整備が求められた。だが、ドラスティックな改革が達成されつつあるとは言えない。

一連の公務員制度改革の動きについては、拙著『霞が関をぶっ壊せ！』（2008年、東洋経済新報社）に譲りたいが、実際に政治任用ポストの拡大を試みれば、当然、役所から反対の声が沸き起こる。だから公務員制度改革は牛歩のごとく進まない。しかし、くどいようだが、それを許しているのは「政治家より役人のほうがまし」とする日本人のメンタリティなのだ。私は、もうそろそろ目覚めなさい、と言いたくなる。

■『男子の本懐』が広めた偽りの官僚像

日本人の官僚信仰を肯定的に押し上げたひとつの言論として、城山三郎氏の『男子の本懐』（新潮文庫）を挙げたい。言わずと知れた〝ライオン宰相〟こと濱口雄幸と、濱口に請われて大蔵大臣に就任した井上準之助、二人の生きざまを「金解禁」を軸に描いた小説であり、のちにＮＨＫでドラマにもなった。この作品はとんでもない官僚像をつくりあげてしまったと思う。

今も大蔵省での新人時代のことを思い出す。

入省直後の1980年春、新人研修が行なわれた。「葉山（はやま）研修」と言って、神奈川県葉山にある横浜銀行の寮に、新人キャリアが参集して3週間ほど起居を共にする。その研修の一環で、『男子の本懐』を読み、感想文を提出するという課題が与えられたのである。ちなみに横浜銀行の施設を大蔵省が使えたのは、横浜銀行頭取（もしくは役員）が歴代、大蔵省の天下り先だからだ。これもすごい話である。

新人研修では早朝に起床し、座禅を組む。あとは講義の連続で、軍隊のような生活だった。主として午前中は各界から講師を招き、ひとコマ1時間ほどの講義を受けて質疑応答となる。上場企業の社長から囲碁の名人、軍事評論家など、講師の顔ぶれは多士済々（たしせいせい）だったが、みなさん「大蔵省の若手キャリアと議論できる」と面白がってくれた。

午後になると、大蔵省の先輩がやってきて講義を受け持つのだが、午前の講師陣とは違い、講義が終わっても、なぜか帰らずにそのまま寮に宿泊する。そして夜通しマージャンとなる。当時は先輩が新人とマージャン卓を囲み、親交を深めるのが不文律となっていたようだ（今はなくなったが、大蔵省では年1回のマージャン大会が開かれ、入省3年目までの若手キャリアは原則全員参加だった)。

こうした中で、ある教官(省の先輩)から「『男子の本懐』を読んで感想文を書け」との課題が出たのである。他の著作でも触れたエピソードだが、今一度、述べておきたい。

■大蔵省の新人研修で叱られた

『男子の本懐』の主人公、濱口雄幸は大蔵次官を経て立憲同志会に入党し、1929年、第27代内閣総理大臣に就任した官僚出身の政治家である。昭和恐慌下、元日銀総裁の井上準之助を蔵相に起用し、軍の反対を押し切って緊縮財政と金解禁を断行、最後は東京駅で右翼の凶弾に斃(たお)れた。そこには命がけで信念を貫(つらぬ)いたという、まことに美しい(元)官僚像がある。

金解禁とは、金の輸出を解禁して金本位制に復帰することである。この経済政策の是非については今も論争が続くほどで、むろん私の新人時代も学界での評価は定まっていなかった。ところが城山氏は客観的な評価を措(お)き、濱口の政策を次のように賛美する。

〈政治家の売り物となるのは、常に好景気である。あと先を考えず、景気だけをばらまくのがいい。民衆の多くは、国を憂えるよりも、目先の不景気をもたらしたひとを憎む。古来、『デフレ政策を行って、命を全うした政治家は居ない』といわれるほどである。容易ならぬ覚悟が必要であった〉

濱口が「容易ならぬ覚悟」で金解禁に踏み切ったのは事実だろう。『男子の本懐』には、濱口が井上に蔵相就任を打診する際、「一緒に死んでくれるか」という台詞が登場する。濱口の首相就任当時、世界の主要国で金解禁を実施していないのは日本だけだった。おそらく濱口にも井上にも、「ここで金本位制に戻らなければ日本が外国から馬鹿にされてしまう」との感覚が働いていた。

しかし、通貨制度には「金本位制」と、金に依存しない「管理通貨制度」の二通りがある。研修で感想文を課されたとき、私には「金本位制が本当にいいのなら、なぜ今、日本も外国も金本位制ではないのか」と、ふと疑問が湧いた。そして「金本位制がいいことか悪いことか分からないのに、命をかけるのは愚かではないか」と思い、そのまま感想文に書いたのである。

すると感想文を読んだ教官が、私を同期たちの前で面罵（めんば）したのだ。ディスカッションの場である。「どうしてこんなバカなやつがいるんだ」と、名指しで言われた。同期入省は23人で、私を除く22人は一様に『男子の本懐』を美談と捉えていたらしい。

私はまじめに考え、金解禁が国民経済的に正しいのなら、なぜその時代に経済が疲弊したままなのか、たとえばなぜ地方の農村部で子どもの身売りが絶えなかったのか、理解できなかった。だから「国民にとって、いいことかどうか分からない政策にのめり込むのが真なのか」と素朴に意見を述べたまでである。だが、私は孤立した。

少なくともディスカッションなのだから、「髙橋のような考えもあるから、やはりきちんと正しいことを見きわめることが重要だ」とでも言われれば納得できた。しかし教官も同期たちも、私に異論を挟（はさ）む余地を与えない。金解禁は正しく、それに命をかけることがすばらしいと口をそろえる。

私はこのとき、「ああ、こいつらと俺は違うな」と思ったものである。あまりに教条的で驚きさえした。同時に、怒りも覚えた。

「金解禁」と『男子の本懐』

『男子の本懐』(城山三郎著)は、濱口雄幸(左)と井上準之助(右)が断行した緊縮財政と金解禁を肯定的に描く。しかし、それが“愚策”だったことは明らかだ。写真左／時事通信フォト　右／毎日新聞社

■ようやく分かった金解禁の経済学的評価

私は小さいときから数学が得意で、いつも独力でやっていて自分の頭で考えることに慣れていた。だから妙に自分に自信もあったので、一方的に「高橋が間違っている」と言われても、さほど気にならない。それよりも、金解禁という政策を理解できなかったことのほうが重石(おもし)のようになっていた。もっとも理解できないのは当たり前で、1980年当時では経済学者の誰もよく分かっていなかったのだが。

それが解けたのが、およそ20年後である。

プリンストン大学に留学していたある日のこと、私は大学の書店でぶらぶら本を眺めていた。そこで当時の経済学部長、ベン・バーナンキの『グレート・ディプレッションのエッセイ集』(Bernanke, B. *Essays on the Great Depression*, 1980)という本を見つけたのだ。未邦訳だが、今は新版も出ている学術論文集である。

そこには瞠目(どうもく)すべきことが書かれていた。要約すると、「恐慌下で金解禁を行なうのは失政であり、金本位制に戻った国家は愚かだ。日本はその後、高橋是清(たかはしこれきよ)の経済政策によってリカバリーできた」となる。私は「えっ」と思った。

このころ、一般的な経済史の知識では金解禁が評価され、のちに蔵相を務める高橋是清のほうは、国債を大量発行することで軍事費を増大させ、結果的に日本を軍国主義に至らせた、と悪者扱いされていた。ところがバーナンキはまったく違うことを書いている。彼は日本史を研究したわけではなく、複数の国の経済政策を数量的に比較して「日本だけでなく世界各国の金解禁は愚策」と結論づけたのだった。

早速、バーナンキに尋ねてみたところ、「高橋是清はすごい人物だ。彼がいなかったら日本はもっと大変なことになっていただろう」という答えが返ってきた。さらに「金解禁を実行してしまった濱口雄幸は失格だ」とも言う。

その後、たびたびバーナンキに話を聞き、ピーター・テミンやバリー・アイケングリーンなど「国際比較学派」と呼ばれる経済学者の本も読むと、１９９０年代以降、日本の金解禁を失敗とするのは定説になっていることが分かったのである。

「そうか、20年前の俺の直感は正しかったんだ」

と、かなり溜飲を下げたのを覚えている。そして20年前に満座の席で私を面罵した教官の顔を思い浮かべ、「お前のほうが間違っていたじゃないか」と腹の中で毒づいた。

後年、若田部昌澄（わかたべまさずみ）氏（早稲田大学）や中村宗悦（なかむらむねよし）氏（大東文化大学）といった経済史の専門家とお会いし、石橋湛山や高橋亀吉など、金解禁の時代にも異議を唱えた人物がいたことを知った。大蔵省では誰も教えてくれないことである。だからなおのこと、官僚というものは実にいいかげんだと思うようになった次第だ。

私を大バカ呼ばわりした教官は秘書課の課長補佐から出世して、ついには事務次官になっている。金解禁を崇め奉り、私の異論を一方的に封じ込めるような、そんな程度の歴史観しか持ち合わせない御仁が官僚のトップの座に就いたのだから、まことにおめでたいとしか言いようがない。

『男子の本懐』に話を戻せば、小説としては佳品だと思う。だが、官僚たちに濱口と井上を個人崇拝させることで思考停止をもたらし、国民には誤った官僚像を植えつけてしまったという意味で、私は否定的である。

■通産官僚は「全知全能」なのか

城山三郎氏には、もうひとつ『官僚たちの夏』（新潮文庫）という有名な作品がある。風越信吾なるこちらの主人公は、私が前章で述べた高度成長期の通産官僚で、そのモデルは「ミスター通産省」の異名を持つ佐橋滋氏だとされる。最近では2009年夏にドラマにもなったので、ご記憶の向きも多いだろう（原作とはかなり距離があるようだが）。

この小説で城山氏は、やはりと言うべきか、通産官僚を〝国家のために命をかける熱い男〟と描いた。佐橋氏を中心に策定した「特定産業振興臨時措置法」（特振法）が軸になっており、これも前章で述べた産業政策につながる。佐橋氏こそ「自動車産業のグループ化構想」で本田宗一郎氏とバトルを繰り広げた中心人物なのだ。特振法は1963年から3回も国会に提出されたが、「官僚統制だ」とする産業界の強硬な反対に遭い、結局、審議未了で廃案となっている。

1986年からの2年間、私は公正取引委員会で通産省の産業政策の審査を担当した。はっきり言えば、彼らの産業政策を潰す係である。当時でも通産省は「日本株式会社」の社長を気どり、「俺たちが日本国を動かしている」という意識が芬々としていた。「将来のビジョンはこうだ」「〇〇業界はこのように引っ張ってゆく」と豪語する。前述したが、それならなぜ役所を辞めて、自ら民間に出ていかないのですか、と私はいつも通産省の官僚をおちょくっていた。

通産省は産業政策の旗印の下、マーケットに委ねるよりは自分たちに任せろ、と言わんばかりだった。まるで通産省の官僚が全知全能であるかのような世界である。市場メカニズムよりも官僚機構のほうが優れている、との前提に立っていた。私は、こういうロジックをわりと気にするほうなので、通産官僚の話を聞きながら、つい「あなたが全知全能という感じですね」と言ってしまうのである。

もっとも、通産省の中には、なかなかの知恵者もいた。当時の通産省がやっていた行政は、昔の産業政策ではなく、単にビジョンを提供する「ビジョン行政」（1章で前述）だと言うのである。ビジョンを民間が受け入れるかどうかは民間次第だという。たしかに、そうであれば官が「上から目線」で介入するわけではなくなる。ところが、そうしたビジョンを受け入れたところには、税制の恩典がつくのだ。私が「それなら税制の恩典を外せば理屈にかなう」と言ったら、「それでは通産省として仕事をしたことにならない」と白状した。やはり、政策と言いながら、単に役所の仕事づくりなのである。

経済学では「市場の失敗」と言って、市場がうまく機能しない場合を分析している。そのため官僚は「市場の失敗」という言葉が好きだ。もちろん経済学では「政府の失敗」という用語もあって、このほうがよく起こることを示している。ところが、官僚で「政府の失敗」を言及する者はほとんどいない。

全知全能と言えば、最近の財務省にもこの意識が強く働いているのではないか。とくに菅直人氏が首相就任後、〝全知全能〟が盛り上がりを見せていた。菅氏は「増税すれば（使いみちを誤らなければ）景気がよくなる」と発言したが、よく考えたら、これは全知全能の世界なのだ。「バカな国民にお金を使わせると、ろくなことにはならない。だから賢い国が増税でお金を取り上げて、国民の代わりに使ってあげましょう」という話である。増税は財務官僚のDNAをくすぐる。「まえがき」に書いたように、増税は財務省にとって〝最終目標〟なのだ。菅氏は全知全能を気どる財務官僚に騙（だま）されて、中身の吟味もせずに「増税」を口にしてしまった。

■官僚は「市場」と「民主主義」が大嫌い

官僚は、本音を言えば、うまくコントロールできない市場も嫌いだが、民主主義も嫌いだ。もちろん、対外的には「市場原理を生かしつつ」とか言いながら市場原理を決して否定しない。また、表で民主主義を否定するようなバカもいない。

ところが、酒でも入ると、「市場なんかデタラメだ、金利が自由に動くとろくなことがない」などと喚く。また、「民主主義じゃあ、減税ばかりの大衆迎合になってダメだ。とくに国会議員なんかに任せておくと、カネをせびるばかりで財政再建なんて絶対にできない」と、威勢のいい輩も出てくる。

1章でも触れたが、私は財務省（当時大蔵省）時代、国債課の課長補佐を務めた。ほとんど毎週行なわれる各種国債の入札や国債整理基金の運用が主な仕事だった。入札は国債市場での「売り」なので、役所相手の仕事ばかりの財務省の中では数少ない「民間」（市場）と接する仕事だ。一方で、国債整理基金は国債発行による収入を財政部署につなげるので、役人（主計局）相手の仕事である。

私は、もともとデリバティブズなどの合理的な金融理論を趣味にしていたので、市場相手の仕事は楽しかったが、合理的でない役人相手はいつも首を傾げることばかりだった。

当時、国債金利は完全に自由化されていたが、金利が上がると、幹部から「何とかできないのか。自分たちのときは（金利を）管理していたんだ」と、よく小言を言われた。

やや専門的になるが、国債金利には「表面利率（クーポン）」と「流通利回り」がある。国債の発行当初は、表面利率と流通利回りはほとんど同じである。しかし、その後の金利環境によって、表面利率は発行時と同じなのだが、流通利回りはその時々の金利になる。その差は国債価格が変化することで埋められる。幹部はそうした事情をよく知らずに、発行時の表面利率にしか関心がなかった。

毎月の国債発行では、月ごとに流通利回りは変化するが、三カ月くらいは同じ表面利率でも、発行後ごとに価格を調整すれば何とかなった。だから私は、幹部に「三カ月間は同じ表面利率にしてみせます」と大見得を切ったこともある。何のことはない。毎月発行価格を変化させて、その時々の流通利回りに対応したのだ（このテクニックは、三カ月間に発行された国債をひとつの銘柄のように扱う『リオープン』という手法である）。

その幹部はたいそう満足気であった。国債市場をあたかも征服したかのようだった。

官僚が嫌うもうひとつ、民主主義のほうは、建前ではいかんともしがたい。そこでどうするかと言えば、国民の代表である国会議員を手玉にとることで、民主主義を克服しているのが実態なのだ。

民主主義は国会で法律や予算を成立させることで具体化されるが、その主導権を官僚が握るわけである。すなわち手法として法律案や予算案を官僚が作成し、それにより官僚が上位になる。もちろん形式的には、法律案や予算案を成立させるのは国会議員なので、国会議員のほうが官僚より上にくる。だが、実際には官僚が法律案や予算案を書いているから、国会議員はその中身が分からない。要するに官僚のほうが事実上の実権を持ってしまうのだ。

だから官僚は、国会議員に法律案や予算案の中身には触れさせずに、国会議員の指示にしたがったふりをよくする。ただし、本音では国会議員を見下している。たしかに与野党ともに年長の国会議員の中には法律に不勉強な人が多いので、そうしたくなるのは分かるのだが。

■ 大蔵省を〝スライス〟する案とは

1998年に急に「独立性」が高まった日銀では、民主主義まで否定した「独立性」が必要との議論も、若い職員の間ではあったようだ。

話はやや横道にそれるが、日銀法改正は瓢箪（ひょうたん）から駒であった。当時、大蔵省スキャンダルが起きて、大蔵省の幹部はいかに世間の目をそらすかに腐心していた。それがうまくいかないと大蔵省が解体されるという話だった。

そのときのキーワードは「財金分離」である。これは大蔵省の主計・主税・理財・関税の財政部門と、証券・銀行・国際金融の金融部門とを分離するという考えだ。大蔵省の庁舎では、財政部門は一階から三階まで、金融部門は四階なので、ちょうど省を〝スライス〟できるのである。

これには大蔵省は省を挙げて反対した。財政部門で働いていても局長ポストなどの幹部ポストは少ない。そのため大蔵省には財政部門から金融部門への「省内天下り」があったのだが、分離されると、この人事が回らないからである。

ところが〝スキャンダル〟で分が悪い。そこで「財金分離」に着目した。この言葉はもともと「政府と中央銀行を分離する」という意味で学術的に用いられており、それをマスコミが知らずに新聞用語としたのである。本来の意味での「財金分離」を行なえば、大蔵省の解体を免(まぬが)れるという知恵がにわかに働いた。

そして突如、日銀法改正案が浮上した。それも自民党の検討会の場であった。つまり大蔵省がけしかけた公算が高い。

しかしながら大蔵省スキャンダルは延々と続き、「財金分離」についても、財政と金融政策の分離を骨子とする新日銀法の制定だけにとどまらず、財政と金融行政の分離という金融監督庁の設置にまで至った。

こうした経緯があるので、新日銀法の制定の議論では、日銀の独立性は所与のものとして議論の対象にならなかった。議論のスタートで「財金分離」と言っている以上、財政と金融政策を分離するというのは日銀の独立性と表裏一体だ。5章で詳述するが、たとえ「中央銀行の独立性には、目標の独立性と手段の独立性があって、目標の独立性がないという精緻な議論が世界の流れだ」と関係者が分かっていたとしても、マスコミの格好の攻撃に遭うのは確実だから、とても議論できなかったと思う。

こうした議論に、日銀内では悪のりした者もいたようである。先日、何気なくインターネットを覗いていたら、当時日銀入行したて（現在はすでに退職）だった人の文章が目に入った。若く有能な人のようだったが、「民主主義を超えて日銀はあるべきだ」という考え方で書かれていた。典型的なエリート思考である。

このように、民主主義によるガバナンスを受けるよりも、専門知識の豊富なエリートが独立して政策を行なうほうがいいとする考え方は、霞が関のあちこちに存在する。

財務省は他省庁のことを「民主主義プロセスで選ばれた族議員の言いなりになってムダ遣いする」と見下している。他省庁のほうはと言えば、これも「地方官庁や地方議員はダメで、自分たちが指導しないといけない」と思い込んでいる。総務省はその典型で、職員をいろいろな地方公共団体に派遣して、傘下に納めることに熱心だ。

霞が関官庁の各種のステージで、民主主義は下に見られている。

経済学では、エリート賢人が経済運営することを「ハーヴェイロードの前提」（Harvey Road presumption）と言うことがある。経済学者のロイ・ハロッドが『ケインズ伝』の中で、ケインズが生まれ育ったケンブリッジのハーヴェイロード6番地にちなんで使った言葉だ。霞が関では至る所で、ハーヴェイロードの前提に立っていると言えるだろう。

■松本清張の〝ミスター通産省〟分析

話を『官僚たちの夏』に戻すと、主人公の風越信吾こと佐橋滋氏を、城山氏は官僚らしからぬ官僚として描いた。風越の信念は次の言葉に表われている。

〈おれたちは、国家に雇われている。大臣に雇われているわけではないんだ〉

のちに『異色官僚』（徳間文庫）という自伝を上梓する佐橋氏は、たしかに「省益あって国益なし」と叩かれる官僚群にあって、「国家のためにを命かけて」邁進(まいしん)する型破りな存在だったかもしれない。だが、やったことは私が否定する産業政策の推進だった。

先に『現代官僚論』を引用した松本清張氏は、同じシリーズの『通産官僚論』(『現代官僚論』第五部)で佐橋氏に触れ、彼を「統制派の官僚」と断じている。前述の特振法は「通産省の危機感」から生まれたもので、それを振りかざす佐橋氏は、いわば〝典型的な役所人間〟と分析した。城山氏の佐橋氏像とは180度異なる見方であるが、私には松本氏のほうが本質を突いていると思える。

国家のために命をかける、その国士(こくし)のような姿自体は美しく、誰の反論も許さない。しかし、命をかけて何をなしたかが重要なのであって、命のかけ方のみに目を奪われてはならない。医師に「最善の努力を尽くしました。手術は成功しました。でも患者さんはお亡くなりになりました」というロジックが許されるのか。

さらに言おう。「国家のために」と美辞麗句を並べる官僚であっても、本人の意図は別のところにあったりする。人間は「表向き」と「本音」を使い分ける生き物だ。

私が公正取引委員会時代に相対した通産官僚たちも、やはり表向きは国士然と振舞っていた。国家の発展、産業の成長促進を口々に言う。そのための産業政策だと力説する。しかし本心の部分では、「補助金がほしい」なのだった。産業政策が認められて補助金を手にできれば、関係業者に分配し、そこに天下り先をひとつつくれる。45〜46ページで述べた「専務理事政策」などはその典型である。

あらためて説明すると、専務理事政策とは、産業政策に伴う官僚の天下りポスト確保に他ならない。

たとえば、ある産業政策のために何らかの団体をつくる。民間業者が加盟する「事業者団体」である。理事長をはじめとする事業者団体の理事には民間の人が就くのだが、本業もあるので非常勤だ。すると「非常勤では事業者団体の仕事ができないでしょう。だから専務理事を置きましょう。専務理事には○○さんになっていただくのがよろしいでしょう」と、役所の声がする。そして「でしょう、でしょう」で、官僚あがりの○○さんが専務理事の椅子に座る。天下りの誕生である。私が産業政策についてヒアリングを行なった際、出てきた専務理事が官僚OBで驚いたことは前述した。

専務理事は〝昔取った杵柄(きねづか)〟で役所との折衝を担当する。と言っても仕事らしい仕事などしていないのだが、ときおり口を出してくるから始末が悪い。公正取引委員会は事業者団体に対して厳しいスタンスで臨んでいた。団体は業者が集まって情報交換する場でもあり、カルテルが生じやすいからである。公正取引委員会から見れば事業者団体は取り締まりの対象で、私はそういう目で接していた。すると専務理事が出てきて「私どもは無色透明ですよ」と、取り締まりに抵抗するのである。

最近は産業政策もソフト路線と言うのか、専務理事政策オンリーではなくなった。たとえばエコマークの認証は「日本環境協会」という財団法人の「エコマーク事務局」が行なっている。製品やサービスにエコマークの表示を許可する代わりに使用料を徴収し、集めた資金で助成金を交付する。何とも手の込んだ話だが、「協会の中立性を保つ」ことを名目に、天下り官僚が幹部に鎮座しているのは昔と変わらない。日本環境協会の常勤理事のひとりは、元環境省大臣官房審議官である。

■「天下り」をどう英訳するか

意外に思われるかもしれないが、「産業政策」に相当する英語はない。「インダストリアル・ポリシー」とは言わない。それに先進国では、日本の通産省に相当する省庁が皆無に等しい。民間が進める産業に政府が介在し、民間を官僚が主導することなど考えられないのだ。

多くの先進国では、官僚は地味な仕事をする職分であって、クリエイティブな分野は民間に任せる。だから、よく「クリエイティブな仕事に対応できないやつが官僚になっているのだろう」という言い方をする。ということは、日本は先進国と呼べない。少なくとも妙な産業政策を続けているうちは、レベルとしては途上国と見られても仕方がないのだ。

もうひとつ、英語に関して言うと、「天下り」に相当する英語も存在しない。「天下り」は英訳できないのだ。最近は“AMAKUDARI”と書けば通じるようになったが、かつては“descend from heaven”と直訳していた。文字どおり「天から」（from heaven）「下りる」（descend）である。英語話者には何が何だか分からなかっただろう。

例外的にフランス語では、“pantoufle”（パントゥフル）と言って「天下り先」を表わす単語がある。本来の意味は「スリッパ」だが、俗語で「気楽」「心地いい」である。ただしこれはレアケースで、外国には官僚が上から「天下って」下に下りてくる制度も慣行もない。「お上」という言葉にしてもそうだが、日本は当たり前に官僚を上に置く。このことがきわめて異常なのだ、と気づくべきだ。

■東大卒でなければ人にあらず

日本人の「官僚信仰」は「官僚無謬神話」に基づいて形成された幻想である。無謬神話は官僚側自身から流され、かつ官僚に接して何らかのメリットを得る民間側からも流れただろう。神様ではあるまいし、人間が無謬であるはずがない。官僚のやることは間違いの連続である。むしろ、間違いをしでかしたときに、それを正すシステムが日本にないことが問題なのだ。なぜ間違いを正せないのかと言えば、検証のしようがないからである。

無謬神話の形成には、前章の冒頭で述べた「お勉強秀才」へのあこがれも一役買った。庶民から見れば「官僚は東大卒で学歴が高い」ということで尊敬の対象となる。終戦直後ごろまでは、学歴が社会での地位に直結していたのだろうが、官僚の世界では、その価値観が今も尾を引いている。

官僚の取り柄と言えば、「有名大学を出た」「学生時代の成績が優秀だった」「公務員試験の成績が高得点だった」……と、一般社会では通用しないことばかりである。

ところが、バッシングを受ける反動なのか、官僚たちは「国民はバカで、自分は賢い」と思い込むことでアイデンティティを保っている。実際に官僚と話をすると、潜在的に自

“君は(東大の)何期生かね?”

「学歴」は官僚にとって、アイデンティティのよりどころだ。東大卒で大蔵官僚出身の宮澤喜一元首相(左)は、大学名ではなく「東大の何期か」を尋ねることで有名だった。早大卒の竹下登元首相(隣)とは不仲が伝えられる。写真／毎日新聞社

らを賢いとする意識が滲み出てくる。そして必ず「大学はどこですか」という話題になる。出身大学の偏差値で人物の優劣を測るような、とんでもない価値観である。

最も有名なのは故宮澤喜一氏だろう。東京帝国大学法学部を卒業後、大蔵官僚から政治家に転じた第78代総理大臣である。宮澤氏は人に「どこの大学？」とは言わない。「あんた、（東大の）何期生？」と聞く。要するに東大卒が前提の質問なのだ。聞かれた側が東大卒でないことが分かると、宮澤氏は露骨に見下したという。彼は故竹下登氏と初めて会ったときも、早稲田大学卒の竹下氏に向かって「何期ですか」と尋ねたらしい。後年、竹下氏率いる経世会は宮澤氏と敵対した。

私が大蔵省に入省した１９８０年、新人同期23人のうち、私を含めた19人が東大卒だった。あとは京大卒が２人、一橋大卒が２人である。一部の東大出身の連中は、一橋大出身者のことを陰で「ワンブリッジ」などと呼んで蔑んでいた。東大卒の品性を疑う下劣な話である。

また、私は１９８２年に大蔵省財政金融研究所に異動したのだが、そこに上司として、日本開発銀行（現在の日本政策投資銀行）から竹中平蔵氏が出向してきた。竹中氏は一橋大学経済学部の卒業である。彼は二重の意味で大変だったと思う。

「二重の意味での大変さ」とは何か。ひとつは日本開発銀行（開銀）出身であるということだ。開銀の総裁は歴代、大蔵事務次官の天下り先で、次官以外にも大蔵省OBがたくさん勤めている。言わば大蔵省の植民地同然だった。大蔵省が宴会を開こうとするとき、場所に困ると「じゃあ、開銀の寮でも使おうか」という具合である。竹中氏は、そんな格下扱いの銀行から本省に送り込まれたのだった。

もうひとつは言うまでもなく学歴である。民間から大蔵省に出向する場合、多くは東大卒が選ばれる。他の大学出身者では東大卒の大蔵官僚と話がしにくいだろうから、との配慮がなされるのだ。ところが竹中氏は一橋大卒だった。彼が大学を受験した1969年は東大紛争で入学試験が中止され、そのため東大生になり損ねたという側面もあるかもしれないが、学歴は変えられない。

大蔵省財政金融研究所からすれば、竹中氏は〝格下の子会社〟から〝格下の学歴の男〟がやってきたように映っただろう。少なくとも心理面で竹中氏を軽んじていたことは想像に難くない。いやらしい世界である。

■政治家の首が飛んでも、官僚の首は飛ばない

前述した「政治的中立性」と「政治的即応性」は不可分であるはずなのに、日本では「即応性」がゼロで「中立性」しかない。官僚の無謬神話が今も生きているのは、この中立性に負うところが大きいのだが、一方で中立であるがゆえに政治に干渉させない、すなわち官僚の人事に政治の介入を許さないという重要な問題を秘めている。

失礼ながら〝下っ端役人〟の人事には政治の意向が働く。だが、幹部職員についてはまるで干渉しない。先進国では例をみないことである。日本では官僚の人事に政治が干渉すると、「政治介入だ」と大騒ぎになる。しかし政治介入は当たり前ではないか。民間企業で社長が交代すれば、その側近たちも替わるだろう。

官僚の世界では「政治的な中立性」の名の下に、好き放題ができる。しかも民間に比べて、破格に身分が保障されている。リストラも指名解雇もない。公務員は労働三権が制限される代わりに、減給や解雇がほとんどないことは知られるところだが、これは法律の規定による。「国家公務員法」第75条を引く。

〈職員は、法律又は人事院規則に定める事由による場合でなければ、その意に反して、降任され、休職され、又は免職されることはない。
2　職員は、人事院規則の定める事由に該当するときは、降給されるものとする〉

公務員の「身分保障」と呼ばれる条文だ。面白いことに、事務次官クラスの幹部職員でも、この身分保障の話になると労働者の権利を持ち出す。私は安倍晋三（第1次）、福田康夫両政権で公務員制度改革に携わったが、およそ2年に及ぶ官僚との〝闘い〟の中で、身分保障が危うくなりそうな局面になると、官僚たちは決まって「私も一労働者ですから」と宣うのである。

この台詞を耳にしたとき、私は強いショックを受けた。事務次官が「一労働者でございます」と言うのなら、「お前、普段は社長然と振舞っていながら、『労働者』の言い草は違うだろう」と返したくなった。普通、高い身分になれば、身分保障など恥ずかしくて口にできない。保身に走る官僚の習性を露骨に見せられた思いだった。

事務次官は企業で言えば、社長とまではいかなくても取締役級である。それが「労働者です」と平然と言ってのけるのだから呆れる。経営陣としての自覚がまるでない。前述したが、社長が替われば取締役も一緒に退陣するのが筋だろう。経営陣の顔ぶれが一掃されるほうが企業としては健全だ。にもかかわらず、官僚の世界では、雇われ社長の下にいる副社長や専務といった取締役が全権を握り、社長がクビになっても取締役は安泰なのだ。それはないよな、と誰でも思うのではないか。失政や不祥事で大臣は責任をとって辞任するが、事務次官は「われ関せず」とばかりに居座って、大臣とともに辞める人は少ない。ごくたまに大臣ではなく、事務次官に責任をとらせると、なぜか大臣のほうが非難されたりする。

■公務員も失業保険に加入せよ

大臣でさえ官僚の人事には手をつけられない。大蔵省の事務次官人事は、実質的には歴代のOBが決める。〝中の論理〟だけで決まるのだ。

鳩山由紀夫(はとやまゆきお)氏は民主党幹事長時代、政権交代に先立って、こう発言した。

「(各省庁の)局長クラス以上に辞表を提出してもらい、民主党が考えている政策を遂行してくれるかどうか確かめたい。それくらい大胆なことをやらないと、官僚の手のひらに

載ってしまう」（２００９年2月9日）

　政治任用制の拡大を高らかに宣言したものだ。もともと政治任用制を充実させ、政治即応官僚を登用することは「脱官僚依存」を掲げる民主党の基本政策で、２００３年に菅直人代表（当時）が発表した政権構造改革案にも「各省庁の局長級以上で新内閣の基本方針に賛同しない官僚には辞表を求める」と記されている。

　ところが鳩山氏は、舌の根も乾かぬうちに、この宣言を軌道修正してしまった。「現実の法律などをひもとくと、降格人事を行なうのは法的には難しい。辞表というかたちに必ずしもならないと理解をしている」（２００９年6月30日）

　政治任用で官僚の人事を差配するのは法制度上、問題があると言っている。問題などない。どこの国でもやっている。鳩山氏の軌道修正コメントは、言い換えれば「局長以上の官僚も一労働者だから、雇用を確保しなければいけない」ということだ。度しがたい転向である。

　安倍晋三氏の首相（第1次）時代、公務員制度改革の流れの中で、「公務員も一度、ハローワークに並んだらどうか」というニュアンスの発言があった。ハローワークは失業保険の給付を受けるために手続きする場所だが、現実的に公務員がハローワークに並ぶことはない。公務員は失業保険に加入していないからだ。ちなみに私は一度、ハローワークに行ったことがある（理由は公務員退職後に失職したことがあるからだ。天下りが保証されているキャリア公務員でハローワークに行ったのは私くらいしかいないだろう。もちろん私は失業給付金を受給していない）。

公務員は失業保険に入っていない。したがって失業しない。失業がないのが公務員の特権のひとつなのだ。逆に言えば、公務員は失業保険に入っていないから、解雇することがなかなかできない。鳩山氏が「局長以上の辞表提出」に躊躇（ちゅうちょ）したのも、ひょっとすると、このあたりの基本的事実を霞が関に突きつけられたのかもしれない。

私は公務員も失業保険に加入し、保険料を払うべきとの立場である。保険や年金はユニバーサルな制度でなければならない。役所には失業の概念がなく、あるのは退職金制度だけだ。引当金を計上しているから、中途退職でも定年退職でも退職金は支払われる。公務員が辞めるときは、退職金を得たうえで、さらに再就職先を斡旋してもらえるのだ。しかも再就職を受け入れる側は、まさかタダで〝元公務員〟を迎えるわけにはいかないから、必ずと言っていいほど補助金や許認可での配慮がつく。非常にお金がかかる仕組みなのである。

霞が関の論理では、「退職金をもって失業保険に代用する」という、奇妙な主張がなされる。それなら全公務員を失業保険に加入させて、解雇の際は退職金を払わないようにするほうがいい。

民間企業には倒産のリスクがついて回る。だから従業員は、もしもの場合に備えて失業保険を払っている。だが役所にしても〝倒産〟がないわけではない。たとえば「事業部閉鎖」と言って、特定部署を閉めることがある。その部署で働いていた公務員は仕事がなくなるのだ。しかし、必ず他部署に異動して何らかの仕事が与えられる。もし公務員が失業保険に入っていれば、事業部閉鎖に伴い、「申し訳ないけれど解雇します」と言えるのである。ハローワークに並ぶ必要がないぶん、公務員の雇用の確保は完璧なのだ。

■3回〝殺されかけた〟私

そう言えば、天下り先を潰した反動で、私は殺されかかったことがある。別に凶器を向けられたわけではないのだが、「高橋は3度殺しても足りない」と本気で私を憎んだ人がいたらしい。

この話を説明するには、直近の政策金融機関（政府系金融機関）をめぐる動きを述べなければならない。

２０１０年12月10日、日本政府は関係閣僚会議で国際協力銀行（ＪＢＩＣ）の〝復活〟を表明した。ＪＢＩＣは日本政策金融公庫の国際金融業務部門であり、「銀行」と名がつくものの独立した組織ではない。それを２０１１年度にも日本政策金融公庫から、晴れて分離・独立させるとしたのである。

私は小泉政権当時の２００５年、郵政民営化プロジェクトの法案成立を見届けたのち、内閣府で政策金融改革を担当した。当時あった政策金融機関は８つ。国際協力銀行、日本政策投資銀行（政投銀）、中小企業金融公庫、国民生活金融公庫、商工組合中央金庫（商工中金）、農林漁業金融公庫、公営企業金融公庫、沖縄振興開発金融公庫である。

政策金融は、民業圧迫であるとともに、政策金融機関自体が霞が関の省庁ごとの天下り先になっていた。そこで、政投銀や商工中金は完全民営化、残りは政策として必要な分野を残し、日本政策金融公庫に一本化・統合化することにした。

その結果、財務省が管轄する政投銀は完全民営化。ＪＢＩＣのほうは部門を分けて別の組織へ統合されることになった。すなわち円借款（えんしやっかん）部門が国際協力機構（ＪＩＣＡ）へ、国際金融部門は日本政策金融公庫へ移行し、ＪＢＩＣは事実上、独立組織ではなくなったのである。

政投銀とＪＢＩＣのトップは、ともに財務省の歴代事務次官経験者が天下る「最高級ポスト」だった。他省の政策金融機関とは別格という意味で、両方とも「銀行」という名称を冠している。その両銀行、戦時中の日本海軍で言えば戦艦「大和（やまと）」と「武蔵（むさし）」を同時に失ったのだから、財務省の怒りはすさまじかった。

こうして、あるブラック雑誌に「髙橋は3度殺しても足りない」という財務省幹部のコメントが載ったのである。

統合化のメリットは、天下りポストを減らすとともに、産業間・国内外の金融をシームレスにすることだ。さらに、細分化された機関がそれぞれ資金調達を行なうより、一元化したほうが効率的なのは当たり前である。

霞が関は「産業ごとに区別し、国内と国外も区別することが重要だ」と主張するが、どこに業種や国内外を区分けして経営する金融機関があるのか。しかも、このときの政策金融改革では「もし政策金融が必要だとしても、官庁自前の金融機関で資金調達から直接融資までフルセットで行なうのではなく、民間金融機関の融資を活用し、その融資に部分保証を付すなどして民間金融ベースでの政策金融を行なう」というスキームもつくられている。

要するに、日本政策金融公庫ひとつで十分であり、それでも不足するときには、民間金融機関ベースに政策金融ができるようになっていたのだ。新たな天下り先をつくる必要など、まるでない。

ところが、民主党政権になってから、政投銀や商工中金の完全民営化は反故にされた。そのうえ、ここにきてのＪＢＩＣの〝復活〟である。これは単に天下りポストが〝復活〟するだけの話なのだ。

おそらく、このような私の批判に対して、霞が関は「トップ（だけ）は民間人にします」という対案を出すだろう。しかし、実態は産業政策における専務理事政策と同じで、形式的には民間人をトップとするが、ナンバー２は役所からの天下りになる。それで実権は握れるからだ。

それは試験制度の改正から始まった

1899年、文官高等試験制度を改革した第9代首相・山縣有朋は、今の官僚制の「生みの親」と言える。以来110年にわたり、この国の「官のかたち」が変わることはない。写真／毎日新聞社

■110年も続く「官のかたち」

日本の近代官僚制の祖型は1899年に誕生したと見ることができる。前年に第9代首相の座に就き、第2次内閣を発足させた山縣有朋（前ページ写真）が、それまでの文官任用令を改正したのである。

明治初期から中期にかけて、日本の官（僚）制は目まぐるしく変化した。1869年に古代律令制の流れを汲む太政官制が導入され、1885年の内閣制度発足まで続く。その後、大日本帝国憲法発布（1889年）まで、ひっきりなしに制度改革が行なわれた。政党員が官職に就くことも当たり前の時代で、そのため政党員の猟官運動が激化していた。言わば、黎明期の官僚制は「政」と「官」が混然一体をなしており、今とは違って「政治的即応性」に重心のかかった制度だった。

文官任用令は1893年に公布されたもので、文官高等試験制度を定めている。公開試験によって官吏を任用する仕組みであるが、すべての官職に適用されるものではなかった。山縣有朋は、この公開試験制度を活用・拡充することで、政党員が官僚になることを制限し、自らの配下となる官僚群を形成したのである。ここに「政治的即応性」がなく、

「政治的中立性」のみの官僚が生まれることになる。恐るべきことに、この１１０年前の「官のかたち」が、今も生き続けているのだ。

安倍・福田政権では、実に１１０年ぶりに公務員制度に手をつけたと言えるのだが、これまでまったく手つかずだったわけではない。戦後の占領期、ＧＨＱは日本の公務員制度を近代化しようと試みた。しかし、できなかった。明治以来の官僚制が立ちはだかったのである。その主役は大蔵省だった。

次章では、大蔵省がＧＨＱに打ち勝った理由と、「官庁の中の官庁」と呼ばれるパワーの源泉について見てゆく。

3章

「官庁の中の官庁」大蔵省の秘密

GHQが大蔵省を解体できなかったのはなぜか。
そのパワーの源を解明する

■国家公務員の「人事部」はどこにありますか?

いつの世も、金脈と人脈を握った者が強い。「お金」と「人」は権力の源泉だ。

民主党政権の「脱官僚依存」、「政治主導」が掛け声倒れに終わったことは、これまで述べてきたとおりである。当時はメディアの論調も厳しく、ことに「民主党は財務省の軍門に降った」と書くことが多かった。私もそのとおりだと思っていた。しかし「財務省の軍門に降った」のは民主党だけではない。政権与党、すなわちかつての自民党も例外ではないのだ。

ではなぜ財務省は、与党を屈服させるほどの力を持っているのか。財務省(大蔵省)は「官庁の中の官庁」と呼ばれるが、それは戦後、一貫してあらゆる権力が財務省に集中された結果だということを、まずは言わなければならないだろう。

財務省は予算を掌握しているから強いとされる。一面、事実である。だが「予算」は必ず「人」と「人に関する権限」を包含している。単に「お金」だけが予算ではない。もちろん各省の全権限を財務省が握るわけではないが、「お金」と「人」と「人に関する権限」は密接不可分の関係にあり、それゆえ財務省に権力が集中したことに着目すべきだ。

財務省は国家予算の編成を担う。ここまでは誰でも知っている。しかし、実はその先がある。財務省は、国家公務員全体の「人」の管理も行なっているのである。どういうことか。

たとえば、「国家公務員の人事部はどこにあるのですか」という質問に、あなたは何と答えるだろう。

「それぞれの省庁内に人事部があるでしょう」

「人事院が人事部なのでは」

違う。

正解は、

「国家公務員全体の人事管理は財務省が押さえている」

である。

もちろん、各省庁にはそれぞれ人事セクションがあり、省内の人事を担当する。個々の人事異動は各省庁に一任されている。また、人事院は建前上「国家公務員法に基づき、人事行政に関する公正の確保及び国家公務員の利益の保護等に関する事務をつかさどる中立・第三者機関として、設けられた」（人事院ＨＰより）独立組織だ。

国家公務員の人事を国家全体の仕組みとして管理するには、3つの部門が必要になる。このことがよく理解されていない。先にその3つを書いてしまうと、こうなる。

①財務省主計局給与共済課（旧大蔵省主計局給与課）：給与の額を管理
②人事院給与局給与第二課：各省の人員を管理
③総務省人事・恩給局：全体の国家公務員数を管理

要するに「お金」（給与）と「人」（人員、定員）を管理しなければ、国家公務員の人事は成り立たないということだ。

①、②、③は、機構上は別個の組織である。ところが、①の職員が財務官僚であるのは当然のこととして、②にも③にも同じく財務省の官僚が出向し、実務を取り仕切っているという事実を知る人は少ない。私が「国家公務員全体の人事管理は財務省が押さえている」とする理由はここにある。

■ 官僚の給料と人員配置は、すべて財務省が握っている

①の財務省主計局給与共済課は、実質的に公務員の給与を決める部署である。「財務省組織令」（財務省設置法に基づく政令）第26条は、給与共済課の所掌事務を次のように規定している。

〈一　国の予算のうち給与に係る部分及びその使用状況の監査に関する事務の総括に関すること。
二　政府関係機関の役職員の給与に関すること。
三　国家公務員の旅費その他実費弁償の制度に関すること。
四　国家公務員共済組合制度に関すること。
五　財政制度等審議会国家公務員共済組合分科会の庶務に関すること。
六　国家公務員等の給与に関する国の予算に関係する事務に係る処理手続の統一並びに必要な調整に関すること〉

役人の給与を「俸給」と言う。「職務の級（等級）」と「号俸」を組み合わせたもので、「行政一職○等級○号俸、月額○○円」といった具合に、国家公務員の給与が職種別にすべて決まっている。Aさんは○等級○号俸だから○○円、Bさんは○等級○号俸だから○○円、と自動的に決まる。等級と号俸をずらりとL型マトリクスで表わしたのが「俸給表」だ（左ページの図）。

俸給を定める根拠法は「給与法」（ここでは「一般職の職員の給与に関する法律」を「給与法」とする）である。この法律はものすごく複雑にできているのだが、財務省の給与共済課は、給与法を後ろ盾に、〝所掌事務〟として俸給を決定する。その意味で、役人の給与は財務省が決めているのだ。

次に、各省に「〝○等級○号俸〟の人は何人必要か、何人いるのか」という、号俸に応じた人員配置をしなければならない。これを「級別定数管理」と言う。

級別定数管理は人事院の仕事で、前記②の人事院給与局給与第二課が担当する。ところが、その課長は代々、財務省からの出向者なのだ。財務省は人事院の課長ポストも持っているわけである。理由は、級別定数が予算の範囲内で設定されるからだと言われる。

さらには、「国家公務員は国全体で何人必要か」というマターもある。「定員管理」と言

国家公務員の「等級」と「号俸」

別表第一　行政職俸給表（第六条関係）

イ　行政職俸給表(一)

職員の区分	職務の級	1 級	2 級	3 級	4 級	5 級	6 級	7 級	8 級	9 級	10 級
	号 俸	俸給月額	俸給月額	俸給月額	俸給月額	俸給月額	俸給月額	俸給月額	俸給月額	俸給月額	俸給月額
		円	円	円	円	円	円	円	円	円	円
	1	135,600	185,800	222,900	261,900	289,200	320,600	366,200	413,000	466,700	532,000
	2	136,700	187,600	224,800	264,000	291,500	322,900	368,800	415,500	469,800	535,100
	3	137,900	189,400	226,700	266,000	293,800	325,200	371,400	418,000	472,900	538,300
	4	139,000	191,200	228,500	268,100	296,100	327,500	374,000	420,500	476,000	541,500
	5	140,100	192,800	230,200	270,200	298,200	329,800	376,300	422,800	479,000	544,700
	6	141,200	194,600	232,100	272,300	300,500	331,900	378,800	425,200	482,100	547,200
	7	142,300	196,400	234,000	274,400	302,800	334,100	381,300	427,600	485,200	549,700
	8	143,400	198,200	235,800	276,500	305,100	336,300	383,800	430,000	488,300	552,200
	9	144,500	200,000	237,500	278,600	307,300	338,600	386,400	432,300	491,300	554,700
	10	145,900	201,800	239,400	280,700	309,600	340,800	389,100	434,600	494,400	556,600
	11	147,200	203,600	241,200	282,800	311,900	343,000	391,800	436,900	497,500	558,400
	12	148,500	205,400	243,100	284,900	314,200	345,200	394,500	439,100	500,600	560,300
	13	149,800	207,000	244,900	287,000	316,400	347,200	397,100	441,300	503,600	562,100
	14	151,300	208,900	246,800	289,100	318,600	349,300	399,400	443,300	506,000	563,600
	15	152,800	210,800	248,600	291,200	320,800	351,400	401,700	445,300	508,400	565,100
	16	154,400	212,700	250,400	293,300	323,000	353,500	404,100	447,300	510,800	566,600
	17	155,700	214,600	252,200	295,400	325,200	355,500	406,400	449,300	513,300	568,100
	18	157,200	216,500	254,200	297,500	327,300	357,500	408,500	451,100	514,800	569,300
	19	158,700	218,400	256,200	299,600	329,400	359,500	410,600	452,900	516,300	570,500
	20	160,200	220,300	258,200	301,700	331,400	361,400	412,700	454,700	517,800	571,700
	21	161,600	222,000	260,100	303,800	333,500	363,500	414,800	456,500	519,000	572,900
	22	164,300	223,900	262,000	305,900	335,600	365,400	416,800	458,000	520,500	
	23	166,900	225,800	263,900	308,000	337,700	367,400	418,800	459,500	522,000	
	24	169,500	227,700	265,700	310,100	339,800	369,400	420,800	461,000	523,500	
	25	172,200	229,300	267,700	312,100	341,500	371,500	422,900	462,500	524,800	
	26	173,900	231,100	269,600	314,200	343,500	373,500	424,500	463,900	526,000	
	27	175,600	232,800	271,500	316,300	345,500	375,500	426,100	465,300	527,200	
	28	177,300	234,600	273,400	318,400	347,500	377,500	427,700	466,600	528,400	
	29	178,800	236,100	275,300	320,400	349,400	379,500	429,400	467,800	529,600	
	30	180,600	237,600	277,200	322,500	351,300	381,400	430,700	468,600	530,500	
	31	182,400	239,100	279,100	324,600	353,200	383,300	432,000	469,400	531,400	
	32	184,200	240,600	281,000	326,700	355,100	385,100	433,300	470,200	532,300	
	33	185,800	242,100	282,700	328,400	357,000	386,900	434,600	471,000	533,100	
	34	187,300	243,600	284,600	330,400	358,800	388,600	435,900	471,800	534,000	
	35	188,800	245,100	286,500	332,500	360,600	390,300	437,200	472,600	534,900	
	36	190,300	246,700	288,400	334,600	362,300	392,000	438,400	473,400	535,800	

人事院のHP上で公開されている「俸給表」(2010年12月1日適用)。

上図はほんの一部である。

http://www.jinji.go.jp/kyuuyo/f_kyuuyo.htm

って、こちらは③の総務省人事・恩給局の管轄だ。しかし、この部署にも財務省から「参事官」の肩書で課長クラスが送り込まれている。

このような次第で、国家公務員人事の枢要なポジション3つを、すべて財務省が押さえているのである。もっと言えば、財務省の中の主計局が押さえているのだ。だから財務省の領分は予算編成だけではなく、人事管理面において全省庁に及ぶ。民間企業なら、経理部長と人事部長を兼任しているようなものである。これほどのスーパーパワーを持つ省庁は他にない。

民主党の2009年マニフェストには「国家公務員の総人件費を2割削減する」と謳われていた。2011年1月28日、枝野幸男氏を議長とする関係閣僚会議は、このマニフェストの方針に則り「公務員の給与や定員数を見直す」ことを確認、2013年度の実現を目指して給与法改正案を国会に提出するとした。（註・以後断念）

だが、そんなことができるだろうかと思われたが、やはり実現していない。政府内でも給与法の改正は「解けない方程式」と囁かれ、実現を困難視する向きが多かった。それに、すでに頓挫した過去があった。

2008年の福田政権下、公務員制度改革の〝目玉〟として「内閣人事庁」創設案が浮上した。公務員の給与、人員配置、定員、すなわち前記①、②、③のセクションを、すべて官邸に一元化するプランである。渡辺喜美（わたなべよしみ）行政改革担当大臣（当時）は捨て身の覚悟で臨んだが、官僚側のすさまじい抵抗に遭い、結局、このプランは白紙にされたのだった。

給与法の背後には全省庁のポストという公務員人事が接着し、官僚制度のヒエラルキーを護持している。その給与法は「解けない方程式」のまま、財務省の掌中にある。

■「われら富士山」

財務省には大蔵省時代からの隠語がある。

「われら富士山、他は並びの山」

露骨に口にすることはないが、伝統的に財務省で使われる言葉だ。つまり、他の省庁はどんぐりの背比べで、自分たちだけが富士山のように屹立（きつりつ）している。「官庁の中の官庁」を自負したいがための表現である。

たしかに財務省は予算と人事を握っているから、他の省庁に対して強圧的でもある。たとえば各省庁は、それぞれ特殊法人（独立行政法人）を所管し、天下り先を確保しているが、「天下る」のは当該省庁の官僚だけではなく、必ず財務省出身者がついてくる。なぜなら特殊法人を設立するためには「予算」と「定員管理」が必要で、どうしても財務省の力を借りなければならない。したがって特殊法人を1個つくるたびに、〝見返り〟よろしく財務省用に天下り先ポストを用意するのだ。

いろいろな省の(管轄の)特殊法人に、なぜか関係のない財務省OBがい、ら、っ、し、ゃるのは右の事情による。財務省だけが唯一、他の省庁の縄張りに足を踏み入れることができるのである。

このような、財務省が他の省庁を下に置くかのような事例は、霞が関や永田町の至るところに見られる。

たとえば大蔵省時代のルーティンに、「質問取り」というのがあった。これは国会で質問に立つ議員に、質問の前日、「先生、明日の質問の内容を教えてください」と聞きにいくことで、各省庁の官僚がその議員のもとに集まる。そうしておかないと答弁に立つ側(多くは大臣)が質問に答えられない。「その件につきましては後日、調べてお答えします」となってしまい、大臣は立ち往生して恥をかくし、円滑な国会運営ができなくなる。官僚は議員からおおよその質問内容を聞きだし、翌日の国会に備えて「国会想定問答集」を作成するのである。

議員の質問では何が飛び出すか分からない。そのため各省庁から官僚が馳せ参じるのだが、このとき大蔵省の「われら富士山」意識が如実に表われる。

他の省庁は課長補佐クラスのベテラン官僚が「質問取り」に出向く。経験や知識が豊富でなければ、議員からきちんと質問内容を引き出し、想定問答集をつくることができないからだ。ところが大蔵省は違う。研修を終えて間もない新人の1年生官僚を行かせるのである。「国会当番」と言って、新人が持ち回りで数週間ずつ国会に張り付く。新人の大蔵官僚にしてみれば、入省直後は通常国会の会期中だ。右も左も分からないうちに国会議員から質問をぶつけられることになる。

新人官僚に質問を取りに行かせる役所などない。にもかかわらず大蔵省だけが1年生を差し向けるのは、早くから政治に接触する訓練を課すと同時に、「お前たちは大蔵省に入った。大蔵省の1年生は他の省庁のシニアと同じレベルだ」という〝エリート中のエリート意識〟を植えつけることが目的なのである。

議員の周りに居並ぶ官僚たちの中で、大蔵省の1年生だけが浮いている。新人だから当然ミスも犯す。だが、仮にミスがあっても大蔵省ではセーフガードが働く。たとえば新人が議員の質問内容を取り違えたとき、幹部は直接、議員に確認できるのだ。新人は「質問取り」の成果を文書にして省内の各局に配布するのだが、その際、課長クラスがチェックして、おかしいと思えば議員に直接に電話を入れて確かめる。むしろ議員に直接に電話できるくらいのパイプがなければ大蔵省の幹部としては失格なのだ。

大蔵省は他の省庁とは比較にならないほど政治に密着している。ゆえに新人にも練習のように政治と接触させる。新人のうちから一頭地を抜く環境にいれば、「われら富士山」という意識が染みつくのも当然と言えるだろう。

■大蔵省はGHQの改革をも食い止めた

「富士山」のような強力なパワーを、財務省はどのように身につけたのか。「予算」を握るのは大蔵省時代から、それも戦前から変わらない。だが「人事」のほうは戦後、旧内務省が解体されてから手にしたものだ。

1945年から1952年まで日本を占領下に置いたGHQは、戦後改革の一環として公務員制度の抜本的改革にも着手した。「職階制」の導入である。簡単に言うと、各公務

“スーパー官庁”の牙城

財務省庁舎の入り口に掲げられた看板。この入り口をくぐると中庭があり、庁舎へと続く。1934年着工の庁舎は地上5階、地下1階。国税庁が同居する。写真／時事通信フォト

員の仕事内容を厳格に規定するとともに、見合った資格・能力を求め、その仕事内容に応じて（条件を満たせば）俸給を定める制度だ。きわめてアメリカ的でドラスティック、かつ明確なシステムと言える。

しかしGHQによる職階制は、明確であるがために、年功序列的な従来の日本の官僚制度にはまったく馴染まなかった。かといって、GHQの改革案を日本側が言下に退けるわけにもいかない。

そこで〝活躍〟したのが旧大蔵省だった。

大蔵省がGHQとの交渉窓口になり、GHQ案を換骨奪胎してしまったのである。このとき大蔵省は、伝家の宝刀「給与法」をテクニックとして用いた。GHQに対し、「おっしゃるような『職階制』は、すべて『給与法』の中で完結します」と言いつつ、とにかく時間を稼いで、のらりくらりと交渉した。今の官僚のやり口とそっくりである。そのうち時間切れでGHQは離日、戦後の公務員制度改革は未完に終わった。

もともと給与法は、先に述べたとおり「等級」と「号俸」を定めた法律だが、公務員の仕事内容にまでは触れていない。すなわち、どのような人（官僚）が〇等級〇号俸なのか、まったく白紙なのだ。これでは仕事内容に応じた資格・能力を求めるアメリカ的な職階制とは水と油で相容(あいい)れない。しかも、等級と号俸を決める仕組みが非常に複雑だから、ＧＨＱ側も理解が容易でなかった。時間切れになったのも当然である。結局、ＧＨＱによる公務員制度改革で達成されたのは、戦前の「文官高等試験」が「国家公務員採用Ⅰ種試験」に名を変えたことぐらいだった（しかも試験の内容自体はさほど変わっていない）。

東京大学名誉教授の大森彌(おおもりわたる)氏（政治学）は、〈職階制実施の拒否にこそ、戦後改革を生き延びた官のシステムの本質が潜んでいる〉（『行政学叢書４　官のシステム』／東京大学出版会）と書いている。

■財務省のもうひとつの力、国税庁

「給与法をもって公務員制度を改革します」と口では言いながら、大蔵省は実質的に何もしなかった。しかし、大蔵省はその給与法を所管していた結果、従来の「予算」に加えて「人」を掌中(しょうちゅう)にすることができ、解体された内務省とは対照的に戦後、スーパーパワーを得たと私は理解している。大蔵省は２００１年の省庁再編で財務省に名称変更するが、組織自体は何ら変わらず、スーパーパワーを恣(ほしいまま)にしている。

さらに財務省（大蔵省）には「警察力」というパワーまである。それは財務省の外局に位置づけられる国税庁のことだ。国税庁は財務省にとって、自前の警察パワーと呼ぶべき〝下部組織〟である。政治家さえも「国税」と聞いただけで緊張するのは周知だが、なるほど、これまで「国税庁を大蔵省から分離しよう」と言った政治家はいない。本章の冒頭で、私が「財務省の軍門に降ったのは民主党だけではなく自民党も例外ではない」としたのは、この点も大きい。

どの国でも財務省に相当する政府機関は、ほとんどが傘下に警察的組織を従えている。有名なのはアメリカ財務省の捜査官だろう。映画『アンタッチャブル』でケビン・コスナーが演じた、エリオット・ネスと言えば分かりやすいかもしれない（『アンタッチャブル』はもともと1959年に放映されたテレビドラマである）。

『アンタッチャブル』の舞台は禁酒法時代のアメリカで、主人公のネスはアル・カポネ（ギャングの親分）を逮捕すべく奮闘するのだが、シカゴで繰り広げる銃撃戦は米財務省の警察力を端的に示している。

実は日本の国税庁も、昔は拳銃の所持が許されていた。『アンタッチャブル』と同じく、密造酒を摘発するためである。また財務省の配下にある税関も、水際で密輸入を摘発するため銃を持っていた。国税庁と税関は、いわば財務省の実動部隊なのだ。脱税も、酒の密造も密輸入も、国家への反逆と見なされる。だからそれらを取り締まる機関には、ときに武力を伴った強力な警察力が付与(ふよ)されるのである。

■脱税だけは逃げられない

政治家が国税庁に怯(おび)えるのは、言うまでもなく「脱税」という経済事案による。鳩山由紀夫氏は「偽装献金で相続税と贈与税を逃れたのではないか」と騒がれたが、一国の総理大臣なるがゆえに起訴を免(まぬが)れたのかもしれない、と囁く声は今も多い。もしそうなら、鳩山氏は財務省に足を向けて寝られないだろう。

政治資金規正法は、こう言っては身も蓋もないけれども、けっこう緩(ゆる)い法律だ。だから政治家の弁明もある程度は利(き)く。しかし、脱税となると逃れようがない。1993年に逮捕された故金丸信(かねまるしん)氏の例を持ち出すまでもなく、証拠を突きつけられればアウトだ。

国税庁のほうも脱税を摘発するのが仕事だから、相手が政治家であろうが何であろうが虎視眈々(こしたんたん)と狙っている。たとえば政治家がテレビに出演して、公務員制度改革を批判したとしよう。すると誰の差し金か、即座に国税局（形式上は国税庁の地方支分部局。しかし財務省にとっての地方出先機関のような位置づけ）が「先生、ちょっと調べたいことが……」とやってくる。一種の脅しだ。こんなことは日常茶飯事である。

もちろん無闇に税務調査などできないから、一応、役所（国税庁、国税局）のほうにも言い分がある。それは「脱税を疑わせる情報提供（タレコミ）があったので、調べなければならない決まりなのです」だ。間違っても「先生がテレビに出て批判的発言をしたから」とは言わない。「テレビに出て稼いでいるでしょう」とも言わない。役所には必ず〝しかるべき言い訳〟が用意されている。

タレコミなり調査のきっかけのことを、国税用語で「端緒（たんしょ）」と言う。とはいえ、情報提供者は明らかにされないし、確たる情報提供がなくてもかまわない。検証のしようがないからである。そのため「端緒」は税務調査官の心証に大きく左右される。「週刊誌を読んでいたら、この人に脱税の疑いを感じた」でも立派な「端緒」になってしまうのだ。

政治家も「国税」にはお手上げ

東京地検は1993年3月6日、金丸信元副総理を脱税容疑で逮捕。きっかけは東京国税局による相続税の調査だった。写真／毎日新聞社

■税務署長時代、私のもとに飛んできた政治家

後述するが、私は20代後半のころ、地方で税務署長を経験した。1985年7月からの1年間である。この任期中（と言うよりも終わり際）、「やはり政治家は税金の話が恐いのだな」と実感する出来事があったので簡単に記そう。

1986年7月6日、衆参同日選挙（第38回衆議院議員総選挙と第14回参議院議員通常選挙）が行なわれた。当時、私が赴任していた先の選挙区では、衆院選に立候補した3人の自民党候補者が3人とも官僚出身だったのだが、そのうちのひとりが私に突然、電話をかけてきたのである。投票日を目前にしたある日のことだった。

いつものように税務署長席にいたところ、「高橋署長宛に○○さんからお電話です」。心当たりのないまま出てみると、○○さんは開口一番、「すぐに税金を払います。今からそちらに行きます」と捲（まく）したてる。意味が分からなかったが、すぐに来ると言うし、「それではお待ちしています」と答えた。

すると即刻、現金で税金を支払いにやってきたのである。手には現金の他に督促（とくそく）状を持っていた。たしかに督促状は税務署長である私の名前で出ているが、はっきり言って私に

は与（あずか）り知らぬことだった。督促状は税金の納付が一定期間、滞（とどこお）ると、自動的に郵送される仕組みになっているのである。税務署長がいちいち特定の人宛に出すわけではない。それに日付を見たら、目くじらを立てるような延納でもなかった。

しかし○○さん本人にとっては一大事だったのだろう。つまり、私が「○○さんに税金の督促状を出した」などと、どこかで漏らしでもしたら、大事な選挙運動期間中に大変なことになる。それこそライバル陣営が知れば「○○候補者は税金を払わない。国民の義務を果たしていない」と格好の餌食（えじき）だ。血相を変えて税務署に飛んできた姿を今でもよく覚えている。

私のほうは漏らす、漏らさない以前に、督促状が発送される仕組みすら知らなかったので、妙なことがあるものだと驚いたのだが、同時に、政治家（候補者）がきわめて税金に敏感である現実を知った。

政治家には闇の部分がたくさんある。その闇の多くは「お金」にまつわるものだ。予算を獲得する、あるいは予算をつけてもらうという〝プラスの闇〟がある一方で、税金という〝マイナスの闇〟がある。プラス、マイナス、どちらの闇も、最終的に握っているのは財務省だ。すなわち制度的にも政治家は財務省に弱いのである。

■同じキャリアでも国税庁と大蔵省には「差」がある

本来、国税庁は独立した官庁であって、財務省の〝下部組織〟扱いに異議を唱える人もいるだろう。たしかに財務省と国税庁は試験区分も別個だし、国税庁は財務省の「外局」(内部部局に対して用いる用語。専門性の高い事務・実務を担当する組織で、本省と並立関係にあるとされる)なのだから、日本の省庁機構上は対等の存在である。

それでも私が国税庁を財務省の「傘下」と見なさざるを得ないのは、それぞれの職員間に存在する微妙な「差」を肌で感じてきたからだ。

国税庁の上級職員を「庁キャリ」と呼ぶ。「国税庁のキャリア」という意味である。このような呼び方があること自体、国税庁を見下しているのではないか。財務省のキャリアは「省キャリ」か、と思いきや、何のことはない「本省キャリア」だ。

それはともかく、かつて「庁キャリ」も「本省キャリア」も、比較的若手のうちに地方の税務署に出向し、税務署長を経験するという制度があった。私も前述したように1年間、税務署長を務めた。場所は四国、高松(たかまつ)国税局観音寺(かんおんじ)税務署である。このとき知った財務省(当時は大蔵省)と国税庁の「差」から説明しよう。

まず、税務署に出る際の年次に差がついている。大蔵省の場合は入省後5～6年目、国税庁は入庁後10～12年目であることが多い。税務署での現場体験をする時期が、大蔵省のほうが早いのである。

次に赴任する税務署の規模でも差がつく。規模はおおむね管轄エリアの人口に比例するが、四国ではその規模に応じてA、B、C、Dの4段階にランクが分かれていた。たとえば香川県高松市のような県庁所在地や大都市の税務署はA署、それに次ぐ上位5～6番目までの中核都市ならB署、地方都市はC署、もっと小さい都市がD署となる。

私がいた観音寺税務署はB署だった。ところが同じ時期に国税庁から香川県に派遣された人、つまり「庁キャリ」は、C署の署長に就いた。私は微妙な思いをしたが、彼は彼で「庁キャリはそういうものだ」と割り切っていたようである。いずれにしても、この「本省キャリア＝B署、庁キャリ＝C署」の序列には、上下関係が明確に表われていると言えるだろう。

さらに財務省と国税庁の上下関係は、人事面での昇進にも及ぶ。政府機関総体をひとつの企業とすれば、各省庁は「部」であり、官僚たちは各部に所属する社員に当たる。したがって社員が人事異動でいろいろな部を経験するのと同様、官僚も各省庁に異動して経験を積む。また企業、官庁を問わず、経験を通じて実績を上げた者が昇進してゆくのも変わらない。しかし、決定的に異なる点がひとつだけある。省庁の「上下関係」が昇進のベースになっていることだ。

「庁キャリ」が国税庁の幹部職員になる確率は低い。実に課長級の大半を「本省キャリア」が占めるのだ。その上の部長級となれば全員が「本省キャリア」で、当然、国税庁長官の座にも「本省キャリア」が就く。「庁キャリ」の人には、さほど要職ではない部長のポストが、ひとつ宛(あてが)われるくらいである。これを「端牌(はしばい)部長」と言う。端牌とはマージャン用語で「手役に不要な牌」のことだ。

ここまで来ると、完全な階級社会である。

たとえば東京国税局査察部長というポストがある。本省キャリアで出世コースに乗った官僚が進む優良ポストだ。査察部は「マルサ」の通称で有名だが、言うまでもなく脱税の摘発を目的とする調査部隊であり、東京・神奈川・千葉・山梨の1都3県を管轄して一大部隊を率いる東京国税局の査察部長ともなれば、マルサのトップ中のトップである。何しろ首都圏に本社を置く一流企業や高額所得者の〝お金の流れ〟に目を光らせ、ほとんど従えているに等しい。

法人、個人の税金に関して、ありとあらゆる情報を握る東京国税局査察部長職を、歴代すべて本省キャリアが務めてきたのだ。

そして本省キャリアが東京国税局査察部長への出向を終えると、決まって政治的な要職に就く。首相秘書官や官房長など、政府内部で側近として政治家を補佐する役目が与えられる。一例を挙げれば、1986年から1988年まで東京国税局査察部長職にあった坂(さか)篤郎(あつお)氏（1970年に大蔵省入省）は、その後、内閣総理大臣秘書官、経済企画庁長官官房長、内閣府政策統括官、内閣官房副長官補を歴任している。こうした人事を見逃してはならない。

政治の側が、本省キャリアのエリートで、なおかつ「税金に関して、ありとあらゆる情報を握る」ポストを経験した官僚を登用するのは、財務省のスーパーパワーを十分に知っているからだ。見方を変えれば、政治の側が財務省を押さえているとも言えるが、本心では「財務省を敵に回したくない」と思っているに違いない。政権与党を屈服させる財務省の力がここにも見てとれる。

■日本の国家予算は財務省が先に決める

さて、2011年度政府予算案が、関連法案をめぐり国会で紛糾したことはいまだ記憶に新しい。この永田町の騒ぎを財務官僚たちはどのような思いで見ていたのだろう。おそらく、その目つきは冷ややかだったに違いない。

日本の国家予算は事実上、財務省が先に決めていってしまう。財政制度審議会（大蔵省時代にあった5つの審議会を統合したもの）の提出する「建議」を盾に、8月頭ごろには概算要求基準（シーリング）を発表する。これがそのまま閣議決定されて、その後は財務省の〝手順〟どおりに進むのだ。

通常、8月末ごろに各省庁から予算要求額（概算要求）が出されるが、先にシーリングが決まっているのだから、手足を縛られたようなものである。一応、財務省主計局は各省庁の予算要求額を査定し、年末の「財務省原案」（かつての大蔵原案。閣議決定されて政府予算案となる）発表まで予算編成に取り組むことになっているものの、実はほとんどの作業は9月中に終わっているのである。

あとはゆっくり、のんびり過ごせばよい。だが、のんびりしている姿が国民にばれたら

「大臣陣中見舞い」という儀式

新聞では「予算編成作業に追われる財務省内を陣中見舞いする野田財務相」と書かれるが、実は形式的なものにすぎない。写真／共同通信

まずいので、「一所懸命やっています」と対外的に示す必要がある。

よくニュースで「大臣が陣中見舞い」の見出しが躍る。財務大臣が主計局の中を歩き、「予算案づくりのために、寝食を忘れて仕事に打ち込んでいる」官僚たちを労うというものだ。２０１１年度予算の場合は、以下のような具合である（前ページ写真）。

〈**野田財務相が庁舎内を陣中見舞い**

野田佳彦財務相は22日、２０１１年度予算編成で大詰めの作業を進める財務省主計局など庁舎内を陣中見舞いし「連日遅くまでありがとうございます。（予算案の）最終形ができるまでよろしくお願いします」などと職員をねぎらった。

陣中見舞いは旧大蔵省時代に始まった恒例行事。政治主導を掲げる民主党政権に交代した後も、２年連続で踏襲した〉（２０１０年12月22日、共同通信）

こういうとき、財務官僚は必死で電卓を叩いたり、担当省庁からのペーパーを受け取ったりと、忙しく働いている（ように見える）。が、はっきり言ってポーズにすぎない。大臣が来ることも、それをマスコミが報道することも先刻承知だ。土台、「陣中見舞い」自体が形式的なもので、「政府予算案は、これだけ一所懸命やった成果です」とムードを盛り上げるための儀式なのである。たまに、年末になっても本当に（予算案づくりで）電卓を叩く官僚がいる。そのような人は「まだ撥ねて（相手省庁が静まっていない、の意味）いるよ」と、同僚から電卓ならぬ陰口を叩かれがちだ。

■復活折衝の「握り」とは何か

財務省原案が政府予算案として閣議決定される前に「復活折衝」がある。各省庁（概算要求）と財務省（原案）との間で行なわれる修正交渉だ。交渉内容の難易度・複雑度にしたがって、事務折衝（各省庁の総務課長級と財務省主計局の主査級）、大臣折衝（各省庁の大臣級と主計局長級）、政治折衝（与党幹部と財務大臣）とレベルアップするのが通例となっている。財務省原案発表後、およそ5日間かけて展開される。

ところが、この復活折衝も、あらかじめ財務省の〝手順〟に組み込まれているのだ。年末になっていきなり折衝が始まるわけではない。

11月の中ごろになると、主計局の官僚は、担当省庁の人間と「握る」（私は9月に握ったこともある)。「握る」とは、要するに復活折衝のシナリオを提示して、相手(担当省庁)の合意を引き出すことだ。私の大蔵省時代は、役所同士で「握って」しまったら予算の話は終わっていた。だから合意したあとは「会議をしていることにしよう」と言って、相手と役所を抜け出し「ゆっくり、のんびり」過ごしたのである。そして、シナリオどおりに年末に政治折衝をやった。

「握る」ときは、大蔵省の査定案(原案)を伝えつつ、相手の予算要求の「部分的復活」を先に言ってしまう。

「これは大したタマ(予算要求項目)ではないから局長ぐらい(の復活折衝でゼロ査定から復活させよう)ね」

「こっちは事務次官でいいでしょう」

「少し大きなタマだから、これは大臣復活折衝にしよう」

などなど、1カ月先を見越して相談する、と言うか主計局・理財局の〝決定〟を伝えるのだ。相手に異存があろうはずもなく、「握った」結果は見事に復活折衝で復活する。復活折衝まで最初から大蔵省が決めているのだから、予算がきちんと収まるのは当たり前なのである。

一見、大げさに映る大臣折衝も「握って」いるから茶番以外の何ものでもない。官僚が先にすべての文書を書いて、主計局長と相手方の大臣がお互いにその文書を読み合っているだけだ。政治折衝の進行は分刻みで決められている。それでも、復活折衝という最後の場面で大臣が登場し、ゼロ査定から復活すれば、「俺が（復活部分を）取った」と顔を立てることができる。大相撲みたいだが、ガチンコで復活折衝をした政治家は少ない。

■財務官僚が竹中総務大臣を恐れた理由

例外的に、一度だけ財務省が恐れおののいたことがあった。２００５年、竹中平蔵氏が総務大臣（兼郵政民営化担当大臣）に就任したときである。財務省は「もしかしたら、竹中大臣は本当に大臣折衝をするのではないか」と疑心暗鬼になり、当時、総務大臣補佐官だった私に「竹中さんはどうするんだ」と、しょっちゅう電話をかけてきた。

実は、竹中氏自身は「復活するものは何もないから、大臣折衝はやめよう」と決めていたのだが、私はあえてそのことを財務省側に言わなかった。別に意地悪をしたわけではない。竹中氏は最初から何もするつもりがなかったのだし、茶番に加担するのはごめんだっただけである。

もし大臣がガチンコで復活折衝をしたら、財務省はパニックに陥るだろう。復活折衝では、あらかじめ想定文が作成され、その場では読み上げて終わりになる。しかも分刻みでスケジュールも組まれている。事前にリハーサルとして想定文を読み、時間を計っておくのだ。

したがって、想定外の折衝には対応できない。竹中氏は歴代大臣の中で、唯一の不確定要因だったのだ。私に「眠れないから助けてくれ」と泣きついてくる主計官もいたくらいである。

本書1章で、公務員試験の特徴から「日本の官僚には、未解決の事柄について何らかの解を導き出す能力がない」と書いた。前例のあること、予期できることに対しては〝お勉強〟の成果を発揮できる。しかし未知の問題にはまるでお手上げになってしまう。復活折衝という茶番劇の正体を知れば、私が言う官僚の〝無能さ〟の意味も、あらためて理解いただけるのではないか。

■財源不足は「埋蔵金」で穴埋め

大蔵省時代からある〝格言〟をひとつ紹介しよう。

「予算のできない年はない」

これが何を言わんとしているか、お分かりだろうか。「予算は時間が来れば終わり。最後は俺たちが予算（案）をつくってあげる」という意味である。

原案も復活折衝も財務省の手順どおりに進む、と前述した。11月には予算に関するほとんどの作業が終了し、以後は表向きのスケジュールをこなしていくだけの茶番の連続になる。しかしマスコミも国民も、そうとは知らない。シーリングに始まり予算案の閣議決定まで、つまり8月から12月まで、みんな財務省の手のひらの上で踊らされる。そして気がついたら「財務省が予算をつくってくれた」ことになっている。

財務省は「予算のできない年はない」の格言どおり予算案を作成する。もし財源が不足していたら「埋蔵金」などの税外収入で手当てすればよい。予算は財務省のテクニックによって必ず「できてしまう」のである。

ここで「埋蔵金」について補足しておく。「埋蔵金」の話は巷間（こうかん）、さも私が『さらば財務省！』（2008年、講談社）で暴露したかのように受け止められたが、それはまったくの誤解だ。もともと「埋蔵金」というネーミング自体、私がつくったものではない。〝コピーライト〟は与謝野馨氏にある。2007年、与謝野氏が自民党財政改革研究会の会長時代に「特別会計の積立金などには目的や理由が存在する。財源が捻出できるなどというのは、いわゆる『霞が関埋蔵金伝説』の類の域を出ない」と発言したことが嚆矢なのだ。

強いて言えば、私は与謝野氏の右の発言を引き出した役目である。2005年4月の経済財政諮問会議で特別会計の財政状況を説明することになった私は、各省庁別の財務諸表をキャッシュフロー分析した。その結果、31の各特別会計から「使えるお金」の額を推計して「ここにこれだけのお金がありますね」と示したのである。与謝野氏はそれを打ち消し、話が広がらないように〝埋蔵金伝説〟との表現を用いたのではないだろうか。

私は以前から、特別会計の積立金や剰余金を、部分的には一般財源に宛てられることを知っていた。いや、財務省の予算官僚なら私でなくても知っている。ところが従来、政府の公的会計のディスクロージャーが十全でなかったため、どこにいくらのお金があって、いくら使えるのか分からなかった。だから私は公会計の不備を指摘し、独自に推計して経済財政諮問会議にデータを出したのだ。インサイダー情報を漏洩したわけではない。

だが、財務省側からすれば、私が推計して数字を出したことは「手の内を明かされる」行為同然のようで、私のことを苦々しく思ったらしい。それまでは「予算づくりで年末も頑張ってくれた。財務省、ありがとう」と感謝されていたのが、最初から「これだけお金があるのだから、予算もできますよ」と言われてしまえば立場がなくなるからだ。

■「官僚言いなり」が増税を招く

いずれにしても、財務省は予算テクニックを駆使して国家予算を牛耳る。それに加え、前述した「公務員給与」「公務員人事」「国税庁という警察力」まで併せ持つ。「お金」を握り、「人」を握る。強大なパワーが集中した、まさに「官庁の中の官庁」である。

このように書くと、まるで財務省を誉めているみたいだが、事実は事実だ。しかし「財務省は官庁の中の官庁」が事実だからこそ、それでいいのかと私は言いたい。

政治が財務省に〝全部お任せ〟すれば日本はどうなるか。財務省の最終目標は「まえがき」でも述べたとおり「増税」だから、必ず増税になってしまうのだ。財務省は霞が関全体の給与・人事を押さえている。これを国家運営上のコストとして見れば、固定費であるから削れない（削りたくない）。固定費の財源は税金である。したがって必然的に財務省から「減税」という二文字は出てこないのである。

２０１１年、名古屋市長に再選された河村たかし氏の発想は財務省とまったく逆で、減税が先にありきだ。減税を前提とすれば、すぐさま財源に困ることになるが、財源がなければないで、どこかの支出をカットすればいいだろうと河村氏は言う。財務省的には無茶苦茶な話に聞こえる。さらに、地方は地方交付税交付金や国庫負担金など、国から資金を受けているところばかりで、交付金などを国からもらいながら減税は筋違いという批判ももっともだ。しかし、減税ありきでの議論から、「小さな政府」の可能性が芽生えることを看過してはならないと思う。

「（政治家よりは）官僚に任せたほうがまし」と官僚制度を重視していれば、国家は基本的に「大きな政府」に向かう。大きな政府は自らを維持するために増税して、お金を差配したくなる。

私のスタンスを明確にしておくと、財政再建に反対しているわけではないし、「増税は必要ない」とも言っていない。ただ、仮に増税するのであっても、国が何の手も打たないままの増税では国民が納得しないだろうと言いたいのだ。たとえば公務員制度改革によって歳出をカットする。そのうえでの増税論議でなければ納得感は得られないと私は考える。

私は国民感情として、ごく普通のことを書いたり話したりしているつもりなのだが、なぜか「高橋は分かっていない」と批判される。何が「分かっていない」のか、私のほうが分からない。「公務員制度改革をしたところで、せいぜい1兆円くらいの削減にしかならないから、財政再建にはほど遠い」と反論する人もいる。1兆円でもいいではないか。

日本の国家公務員の人件費は年間5兆円だから、2割カットすれば1兆円だ。1兆円という財源が「財政再建にはほど遠い」数字であることは承知している。だが、やはりこれは納得感の問題なのである。

国民は、地元の役所の地方公務員から高級官僚まで、役人の給料が自分より高いことを知っている。そのうえ天下りでたっぷりお金をもらうことも知っている。地方公務員と国家公務員の人件費を合算すると約30兆円だ。私の認識では、その2割、すなわち6兆円くらいをカットするべきではないか。そうしなければ国民は納得しないのではないか。

■IMFに「増税」をアナウンスさせたのも日本の財務官僚だ

消費税論議では、よく諸外国の消費税率を持ち出して「外国に比べれば、日本の税率はまだまだ低い（だから増税の余地がある）」などと言う。たとえばイギリスは２０１１年から20%、フランスも２０１４年から20%と、日本の２・５倍の数字が示される。しかし、この数字はあくまで「標準税率」であって、すべてのモノとサービスに課せられるわけではない。非課税品目がたくさんある。イギリスでは生活必需品などに軽減税率が適用され、食品、家庭用上下水道、書籍、新聞などは０%。医療、教育、郵便も非課税だ。

また、日本の消費税は「帳簿方式」と言って、事業者の帳簿上の取引で消費税額を〝推定〟する。詳細は省くが、実際に消費税を受け取ったか（支払ったか）関係ないため、ごまかそうと思えばごまかせる方式なのだ。一方、ヨーロッパ諸国では「インボイス方式」を採用している。これは簡単に言えば、取引には必ず税額が書かれた領収書（納品書）が伴い、それがなければ消費税の申告ができない仕組みのことだ。領収書添付を義務付けることで、事業者の仕入れ・売り上げでのごまかしが利かなくなる。

さらに普通の国では税務目的の「番号制度」が導入されている。ドイツ、イタリア、オーストラリアなどの納税者番号から、社会保険番号を利用するイギリスやアメリカ、住民登録番号を利用するオランダ、スウェーデン、デンマーク、韓国など、所得を捕捉するために番号制度を採用する国が一般的だ。例外はフランスくらいだろう。日本では源泉徴収されるサラリーマンを除き、所得がガラス張りになることはない。

右のような世界基準の制度によって、日本の税収は年間５兆円以上の増収になると直感で思う。現行制度の不備を穴埋めして、不公平をなくせば税収は上がるのだ。それでも財源が不足するとなったら、そのときまた考えればよい。

こうした議論を経ないまま、いたずらに増税ムードだけが先行するのは明らかにおかしい。２０１０年夏のこと、突然、メディアに「ＩＭＦが日本の増税を提言」という記事が出た。

〈日本に増税を提言へ　ＩＭＦ、早期の実施を求める

国際通貨基金（ＩＭＦ）が、日本に対する２０１０年の年次審査の結果、「日本の財政再建には今後、歳入面の施策が中心にならざるを得ない」として、増税の必要性を週内にも提言する見通しであることが13日、分かった。ＩＭＦ関係者が朝日新聞の取材に明らかにした。

提言に拘束力はないが、世界に向けて示されることで、消費税引き上げをはじめとする税制論議に影響を与える可能性がある。（中略）

ＩＭＦは近く発表する報告書の中で、日本の今後の財政再建について、歳出削減はすでに一定程度進展していることから、今後は歳入を増やす「増税」が軸にならざるを得ない、と指摘する見通しだという。また、日本政府の中期計画に沿って財政再建を進めるなかで、増税は中期的に段階的に実施する必要があるとも提言するという。（後略）〉（asahi.com　２０１０年7月14日。傍点は引用者）

ＩＭＦは１８０以上の国が加盟する国際機関だから、その「提言」ともなれば、黒船よろしく日本人に重く響いたかもしれない。しかしおそらく「提言」を、メディアを通じて発したのは日本の財務官僚である。日本はＩＭＦに対し、アメリカに次いで第2位の出資国だ。主要なポストも与えられている。ワシントンＤＣにあるＩＭＦの理事室では、日本語で会話が通じる。推測だが、引用した記事を書いた記者は、理事室で「提言」の中身を取材したのだろう。日本の財務官僚が英文の「報告書」を手に説明する光景がありありと浮かぶ。まるで予算案が財務省の手順どおりにつくられていくように、財務省の手のひらの上で踊らされている。

繰り返すが、私は増税を頭から否定するわけではない。しかし、きちんと数字を出さなければ本当に必要な増税額は分からないし、尽くすべき議論を尽くさなければ納税者すなわち国民が納得しない。さらに、足りなければ増税とは下策だと思っている。何より経済を優先させて、デフレでない経済をつくれば自ずと税収が上がって財政再建が可能であるという数字やシミュレーションも行なっている。

そうしたまともな経済学を使わずに、「官庁の中の官庁」財務省が、そのパワーに依拠して国を動かすのを黙過することはできない。

4章

世にも恐ろしい官僚の作文術

レトリックを操る技術に長(た)けた官僚群は、
こうして政治家を罠に嵌(は)める

■これが「官僚のレトリック」だ

東大法学部卒の官僚たちは、「作文能力」に長けている。いや、むしろ作文能力こそが彼らの唯一の武器だと言っても過言ではない。その作文能力を「霞が関修辞学」と名づけたのは、元通産官僚で『官僚のレトリック』（2010年、新潮社）を著わした原英史氏だ。原氏は私とともに、安倍・福田政権下で公務員制度改革に携わった経歴を持つ。

同書で原氏は、2006年12月の経済財政諮問会議に民間議員から提案されたペーパー（「各省庁による再就職斡旋を禁止」と「政府全体で一元化された窓口で、公務員の希望と求人をマッチングさせる」が骨子）をめぐる〝官僚の作文〟の実例を明かしている。この民間議員のペーパーは「あまりに過激で非常識」と猛烈な反対に遭い、官僚が政治家を巻き込んだ挙げ句、日の目を見ないまま消えたのだが、その後の顛末に「霞が関修辞学」が登場する。

ちなみに、2006年12月の経済財政諮問会議ペーパーのドラフトは私が作成した。当日の経済財政諮問会議では、当時の責任者の佐田玄一郎行政改革担当大臣からも批判されるなど、さんざん叩かれた。もっとも会議後、当時内閣府の副大臣であった渡辺喜美氏は

「すごいペーパーだ。そのとおりでいい」といい、その後の渡辺氏の活動の力づけになったのではないかと思う。

経済財政諮問会議後、やはり危機感を持った官僚が反撃してきた。官僚は、そのペーパーを書き換えたが、その過程を原氏はよく見ていた。当時、彼はまだ公務員制度改革に携わっていなかったが、ポイントは見逃していない。書き換えられた当事者である私も、そのとおりだと思う。

2006年末に急に佐田大臣が辞任し、その後任大臣に渡辺氏がなった。それで、2007年から渡辺大臣の公務員改革が進み出す。それを原氏はサポートした。

〈これでおしまい……のはずだった。

少なくとも霞が関では、「これで天下りの問題は決着済み」と受け取られた。

もっとも、「決着済み」とは、「天下り規制」の導入を一切否定して何もやらないということではない。それでは、「諮問会議が天下り規制を提案したのに、霞が関が潰した」ことになり、諮問会議の顔は立たないし、霞が関が〝悪者〟になってしまう。

こういうとき、霞が関ではしばしば、もっと洗練された〝決着〟が考案される。その中で駆使されるのが、いわゆる〝霞が関修辞学〟だ。

このケースでは、さきほどの施政方針演説（引用者注／2007年1月、安倍晋三首相の施政方針演説のこと）のフレーズ、「予算や権限を背景とした押し付け的な斡旋による再就職を根絶」というのが〝決着〟だ。よくよく見ると、諮問会議の民間議員ペーパーでは「各省庁による再就職斡旋（を禁止）」と書かれていたのが、「押し付け的な斡旋」に置き換わっている。この「押し付け的」という言葉がマジックワードだった。

〝霞が関修辞学〟によれば、「Aをやる」と言ったときは、「Aだけをやる」、反対解釈で「A以外はやらない」という意味になる（名付けるなら「限定の修辞」とでも言うべきもの）。「押し付け的斡旋を根絶」と言った場合は、わざわざ「押し付け的」という修飾語を入れているのだから、以下のように解釈しなければならない。

・斡旋には、「押し付け的斡旋」と「押し付け的でない斡旋」があって、

・「押し付け的斡旋」だけは根絶するが、

・「押し付け的でない斡旋」はこれまでどおり容認する、

ということだ〉（『官僚のレトリック』）

霞が関は従来、天下りは民間企業の「要請」があったうえでの「斡旋」であり、「押しつけ」はあり得ない、としてきた。右に引用した文脈によれば、〈「押し付け的でない斡旋」はこれまでどおり容認する〉のだから、結局は何も変わらないことになる。

「各省庁による再就職斡旋を禁止」（民間議員ペーパー）が「押し付け的な斡旋による再就職を根絶」（首相施政方針演説）という文言（もんごん）に〝作文〟されただけで、天下りが〝晴れて〟許されてしまう。官僚の修辞（レトリック）力が遺憾なく発揮された事例だ。

■ 官僚作文に仕掛けられた「罠」の実例

似たようなケースは、この2006年12月の経済財政諮問会議ペーパー以外にも、私もさんざん体験した。そして、官僚の作文には〝罠〟が仕掛けられていると痛感したものである。拙著『霞が関をぶっ壊せ！』でも紹介したが、いくつか挙げてみよう。

①「完全民営化」と「完全に民営化」

2章で述べた政策金融改革当時のこと。私は経済財政諮問会議での最初のペーパーおよび法案に「（政策金融機関の）完全民営化」という言葉を用いた。「完全」の2文字を冠したのは、霞が関において「民営化」とは3つの意味を持つからだった。

ひとつは民有・民営の形態をとる「完全民営化」。次に政府が株式を所有して経営形態のみ民営にする「特殊会社化」。3つ目が農林中央金庫（農林中金）のように政府が根拠法律だけを持つ「特別民間法人化」である。

霞が関は天下り先として政策金融機関を手放したくない。つまり「完全民営化」は避けて「特殊会社化」にしたい。

霞が関の思惑を見越して、私は「完全民営化」と書いたわけだが、なぜか最終段階の持ち回り閣議で見た法案には「政策金融機関を完全に、民営化する」とあった。「に」が書き加えられていたのである。

「完全民営化」と「完全に民営化」。たった1文字の違いでも、霞が関では概念がまったく異なるから恐ろしい。すなわち、「完全民営化」は先述したとおり民有・民営だが、「完全に民営化」なら、「民営化」に「完全」を期すと言う意味で、「民営化」の3形態のどれを選択してもかまわないことになってしまう。

このときは閣僚の署名前にチェックして「に」に気づいたため、大事には至らなかったのだが……。

②首相答弁書き換え事件

２００７年1月、国土交通省の官製談合疑惑が問題化した折、安倍晋三首相（当時）の国会答弁が書き換えられるという前代未聞の出来事があった。答弁書に手を入れたのは財務省出身の首相事務秘書官である。彼は首相に「官製談合があった省庁（つまり国土交通省のこと）には、再就職の紹介についても厳しい対応をする」と言わせたかったらしい。意図的に「官製談合」と「天下り問題」をミックスした答弁を考えた。

このときは渡辺喜美行政改革担当大臣（当時）が気づき、国会の議場で答弁書に修正を入れ、「官製談合への厳しい対応」と「天下りへの対応」を分けて答弁するよう安倍首相に進言した。安倍首相がそのまま答弁していたら、官僚たちに「国土交通省以外の省庁は従来どおり自由に天下りをしてもよい」と開き直る余地を与えるも同然だった。

③独法改革にて

「運営を包括的に民間に委託し、第三者委員会による外部評価を実施し、その結果を踏ま

えて、一年以内に存廃を含めその在り方について検討を行う」（傍点引用者）

これは2007年12月24日、独立行政法人雇用・能力開発機構（2010年3月に閉館した「私のしごと館」など。所管は厚生労働省）についての閣議決定である。傍点を付した「民間に委託」が〝霞が関修辞学〟の罠だった。閣議決定後、厚生労働省の官僚たちは「民間に委託しようとしても、半年では契約してもらえない。最低2年間の契約期間が必要で、存廃の結論を出すのはその後にせざるを得ない」と言い出したのだ。

■ 数学的能力がないからレトリックを使う

官僚の作文能力には舌を巻く。だが、それは彼らに「数字を使って客観的にロジックを進める能力がない」ことの裏返しだ。弱点を補うためにレトリックを弄する、と私は見ている。

「トレードオフ」という言葉はもともと経済学用語で、失業率と物価上昇率の関係のように二律背反のことを言う。一方（のメリット）を追求すれば、もう一方（のメリット）は犠牲になる。つまり両立し得ない。ものごとには「トレードオフ」関係がつきまとい、Aと

「霞が関」の激しい抵抗があった

公務員制度改革に取り組んだ安倍晋三首相と渡辺喜美行革担当相(当時)。答弁書に手を加えられるなど、「官僚のレトリック」に悩まされつづけた。写真/時事通信フォト

Bが二律背反になるときが必ずある。

数学的には二律背反は二律背反だ。しかしレトリックを用いると、二律背反であってもAとBが両立してしまう。だから官僚の作文は油断ならないのだ。「Aであるが、Bとも言える」と平気で書く。二律背反のときに、Aを認めたらBは認められない。私には「AもBも可」とは書けない。

官僚ではないが、政府の審議会委員も務めた某エコノミストから「暴落なき暴落」と聞いたときには、私は何が何だか分からなかった。真意を確かめようと尋ねたら……、

「暴落なのですか?」

「暴落なき、です」

「では、暴落ではないのですね」

「暴落なき暴落です」

これでは言葉の遊びではないか。

ちなみに、私は数量的に言葉を定義するようにしている。何気なく「暴落」と言うが、どのくらいの期間に何%低下する、と捉える。これは、数学であれば定義をきっちり行なうのは当然であるが、マスコミを含め多くの人は曖昧に考えているようだ。

たとえば、マスコミは「国債が暴落するのか」と私に質問することがあるが、私から「暴落とは『どの国債』の価格が『どのくらいの期間』で『何%』低下することを言っているのか」と、逆に質問すると面くらう。そこで、私のほうから「10年国債で、1カ月間で1割低下することはあり得るし、3年くらいの期間を考えると4割くらい低下することもある」と答える。そうすると、それでは記事にならないと言う。私は、過去の金利データから算出できる客観的な話をするわけだが、マスコミではそうしたものではなく、「暴落なき暴落」のような、言葉の定義がない、感覚的な話を期待しているようだ。

これで分かると思うが、二律背反でも平気で言葉を使えるのは、言葉そのものの定義が曖昧だからだ。たとえば「デフレーション」(deflation) は「物価が継続して下落する状態」のことだが、官僚作文では、無知であるからだろうが別の意味に置き換えることがある。「デフレからの脱却」などという表現は、明らかに「デフレーション」を「不景気」の意味で捉えたものだろう。

英語のコンセプトを理解していれば、「デフレーション」は「インフレーション」(inflation) の対義語で「物価が連続的、持続的に下がること」だと分かる。「物価が」が主語だ。対して「不景気」は、英語では「デプレッション」(depression)、もしくは「リセッション」(recession) であり、こちらは「実質経済成長率が下がること」である。「物価」ではなく「実質経済成長率」という数字が主語になる。両者はまったく違う概念なのだ。

ところが日本では、「デフレーション」の話をしているのか、「デプレッション」の話をしているのか、きわめて曖昧で理解に苦しむことがしょっちゅうある。政府内でも、ほんの少し景気がよくなったとたんに「デフレ脱却、景気回復」という言い方をする人がいるほどだ。

これまでの経済研究では、物価の下落 (デフレーション) と不景気 (デプレッション) には、統計的な相関関係はない。にもかかわらず、ひとつの言葉を二つの意味で使う、または状況に応じて使い分けるのはなぜなのか。それが日本の特性なのか。

たしかに、日本人はひとつの言葉の解釈や定義を恣意的に変える。これは官僚に限った話ではない。

法律の世界でも「概念の相対性」という言い方がある。聞こえは格好いいけれど、要するに「概念を都合よく使う」ことだ。それでは議論にならない。私は数学科出身だから、なおのこと気になる。

数学の世界は、言葉の定義（デフィニション）と、演繹（えんえき）されるロジックからの定理しかない。言葉の定義をもとに論理的にすべてを説明する。しかし日本の文系社会では、言葉を定義せずに議論を進める。「デフレ脱却」を論じるときに、「デフレーション」の定義はおろそかのままだ。

財務官僚もマスコミも「デフレーション」を明確に定義しない。だから「デフレ脱却のための景気浮揚策」と平気で表現するが、「物価」を上げるための「景気」対策など、ほとんどあり得ない。

ついでに言えば、『デフレの正体』という本が売れているようだ。菅首相も購入したという。テレビ解説で有名な池上彰（いけがみあきら）氏も、目から鱗（うろこ）が落ちると絶賛している（執筆当時）。

ところが、この本には「デフレ」の定義がない。その後、著者が語ったところによれば「耐久消費財の価格下落」である。本では何を分析しているのか分からなかったが、「耐久消費財の価格の下落」は「デフレ」でない。「デフレ」は、耐久消費財だけではなく、非耐久消費財も含めた全体の物価の価格下落なのだ。

ちなみに、法律用語では「価格」と「物価」を区別している。価格とは個別のものが対象であり、全体の平均である物価とは区別している。この差を譬（たと）えれば、価格とは個人のテストの結果であり、物価とはテストの全国平均である。個人のテスト結果は、個人の出来不出来に左右されるが、全国平均はテストの難易度によって上下する。このように決定要因はそれぞれ違う。

それと同じように、価格の決まり方と物価の決まり方は違う。経済学では、価格は個々の商品の需給関係、競争状態で決まる。しかし、物価はそうでなく通貨供給量で大体決まる（「貨幣数量理論」と言う）。

だから、耐久消費財の価格は人口減少で決まっても不思議ではない。しかし、物価は人口減少とは無関係だ。『デフレの正体』も、『耐久消費財価格の価格下落』というタイトルであれば、問題なかった。

それでは売れないとか言って、出版関係者が、でたらめなタイトルをつけたのかもしれない。言論界の知識の低さを図らずも露呈させたものだ。

■なぜ「数値目標」を避けたがるのか

ものごとをきちんと進めるためには、言葉の定義を明確にすると同時に「数値目標」が必要だと私は思っている。数値目標を設定すれば、結果として必ず責任の所在がはっきりするからだ。しかし東大法学部卒、文系の「お勉強秀才官僚」は数量的な議論を避けたがる。その代わりにレトリックを操る。数値目標を入れずに頭の中で理屈を構築する能力は実に見事なものだ。

私には、それは単に結果責任をとりたくないだけにしか見えないのだが、官僚になる人はもともと数量的な思考が不得意で、その意味では官僚制度にとってレトリック能力は非常に都合のいいスキルなのだろう。何しろ自らの〝無能さ〟がばれない。

「数値目標」の「目標」を英語に置き換えると「ゴール」(goal)や「コミットメント」(commitment)だ。そこに日本語の「目標」のような曖昧さはない。「ゴール」も「コミットメント」も、概念として「目標」が達成できたかどうか「検証」することと、「目標」達成の「時期」を具体的に求める。

たとえば日本人は「またお会いしましょう」と言うが、英語圏の人に挨拶のつもりで同じ言葉を向けると、「いつですか?」と聞かれることが多い。もちろん英語にも「いつかまた」という意味の表現はあるが、基本的にコミュニケーションには具体的な内容が伴わなければならない。

しかし日本の官僚制度では、その「具体的な内容」をぼかすことが是とされた。数値目標を掲げるとき、まず「期限」を明示しないのである。「デフレ脱却」を声高に叫んでも、「いつまでに」がない。もし民間製造業で、商品をつくるときに「いつかつくりましょう」では話にならないだろう。むろん現実面では、当初の予定どおり商品づくりが進まないこともあるが、「○カ月後」「○年以内」といった期限は必ず設定される。

「期限」を表現する場合、役所が使う常套句は、デフレ脱却なら「できるだけ早期に（デフレを脱却する）」だ。数字を盛り込まないから「いつまでに」が無視される。しかも「早期とはいつなのか？」と聞く人もいない。私はこうした作文を目にするたびに恐ろしい思いでいたが、官僚制度の中ではそれで平気なのだ。

さらに数値目標には当然、「数量」が含まれる。「いくつ」「いくら」「どれくらい」を数字で表わさなければならない。客観的なロジックにおいては、「何を」＋「いくつ」＋「いつまでに」が最低限の要素となる。

私がデフレ脱却宣言を担当するとしよう。デフレは「物価」が主語なのだから、一例としては「消費者物価指数の対前年比を○年以内に○％にする」と言う。少なくとも期限を明確にした数値目標を「宣言」の中で示す。そうしなければ、ものごとが具体的に進まない。しかし日本人でこのように数値を入れて言う人は少ない。そのため、何ごとも曖昧模糊のまま進み、先がどうなるか不透明なのだ。その分、作文をするほうは楽である。

言葉の定義が曖昧で、数値目標も置き去りにした政策（のための作文）が官僚にとって都合がいいのは、検証のしようがないからである。どのような結果が出ても、出発点が曖昧だから、結果をもたらした要因を検証できない。したがって結果に対する責任を負う必要もない。

もちろん行政システムは国民と無縁に存在するわけではなく、曖昧模糊をごく自然に受け止める日本人の国民性を反映しているのだろう。だが、だからと言って「目標」と呼べない「目標」を作文ですませてよいはずはない。

私からすれば、官僚の作文は単なる「願望」の羅列にすぎない。「こうなったらいいですね」の世界だ。日本の行政ではそれがリアルな「目標」のように語られるから驚く。

■ 財投改革で知った官僚の欠陥

1994年から4年間、大蔵省理財局にいた私はスペシャルチームを組み、財政投融資の改革（財投改革）に取り組んだ。改革の細かな経緯は『さらば財務省！』を参照していただくとして、本書では、その際に私が感じた官僚の〝欠陥〟について述べたい。

大蔵省の官僚は東大法学部卒が中心だから、作文はできても数学の能力は劣る。すると金融マーケットを相手にしたときに、まったく手も足も出ない局面に遭遇してしまう。とくに現代の金融では、デリバティブズや金利計算、金融工学分野での方程式など、法学部出身者にはブラックボックスのような世界が出現しており、まるで対抗できない。

しかし一方で大蔵省は、当時およそ400兆円の資金を運用する世界最大の金融機関でもあった。それが財政投融資という、簡単に言えば郵便貯金で集めた（借りた）お金を貸し出す仕組みのことだ。

1990年代、金利の自由化によって、各国の金融機関はリスク管理に血道を上げていた。「リスク管理」と表記すれば簡単そうに映るが、資金の調達や運用をシステマティックに、かつ理論的に行なわなければならない。さもなければ金融機関は破綻に直面する時代だった。リスクを管理するためには、後述するALM（Asset Liability Management／アセット・ライアビリティ・マネジメント、資産と負債の総合管理）のようなシステムを導入したり、外部からスペシャリストを招聘したりする必要がある。

だが大蔵省は世界最大の金融機関を抱えながら、二つの点で誤りを犯しつづけていた。ひとつは専門知識の欠如である。言うまでもなく文系の秀才には、金融工学やコンピュータのプログラムなどの知識がなさすぎる。しかし、こうした知識をセットで持っていなければ、金利の動きも理解できないし、動きに応じて金利に瞬時に対応するシステムもつくれない。

次に、知識がないにもかかわらず、「役所が全部できる」という思い込みから、外部の専門家を呼ぼうとしなかったことだ。たしかに当時は中途採用もなく、呼びようがなかったと言えばそうかもしれない。しかしそれ以前に、外部に専門知識を求めるのは自分たちの〝欠陥〟を認めることになるという抵抗感のほうが大きかった。自らの弱点がばれてしまうことになる。

大臣官房金融検査部にいた1993年から1994年当時、私は周囲から質問攻めにされた。「デリバティブズが分からないから検査ができない。教えてくれ」と言う。私に聞くこと自体、外に弱点を晒(さら)したくないという意識の表われに他ならない。こちらは自分の仕事をしながら同僚たちの面倒も見なければならなかったので大変である。このとき私は上司に「専門家を雇わなければ無理です」と進言した。その甲斐あってか、今は大学教授や民間金融機関の退職者など、スペシャリストに門戸が開かれている。

■日銀の大蔵省攻撃

「官庁の中の官庁」、「われら富士山」を自負しながら、大蔵省には金融の技術と知識が決定的に欠けていた。財投も「超」のつく〝どんぶり勘定〟が実状だった。さすがに大蔵官僚たちもそのへんは自覚しており、問題意識だけはあった。だが、ではどうしたらいいのかが分からない。外部に知恵を借りれば自らの能力不足がばれるから、その勇気もない。結局、手を拱(こまぬ)いて悶々と過ごしていただけだ。

私が財投改革に駆りだされた1994年ごろには、ようやく大蔵省もALM導入が必要だと認識するようになっていた。それまで私は前述の金融検査部で不良債権問題を扱っていたのだが、急遽、古巣(1991年から2年間在籍)の理財局に呼び戻され、ALMプロジェクトに携(たずさ)わることになったのである。

私に白羽の矢が立った背景には、日本銀行からの〝大蔵省攻撃〟があった。日銀は「大蔵省は財投を抱えているのにALMがない」という弱点に目をつけ、レポートや論文作成などで大蔵省の欠陥を指摘しようと周到な準備を進めたのだ。日銀は今でこそ独立を保っているが、当時は事実上、大蔵省の下部組織で、大蔵省への敵愾心(てきがいしん)が強かったらしい。

それでも日銀の理事には複数の大蔵省出身者がおり、〝攻撃〟の動きを察知した。その情報が大蔵省にもたらされた結果、ＡＬＭプロジェクトが加速したのである。そこでＡＬＭの知識がある私を「すぐに呼び戻せ」ということになったのだ。

■　たったひとりのＡＬＭプロジェクト

私は若いころから、ＡＬＭのようなリスク管理システムの学術的な意味、その必要性、プログラムに興味を持ち、半ば趣味のように勉強していた。理財局資金運用部にいた１９９１年当時、「資金運用部はこういうシステムがないと、きちんとしたマネジメントができないだろうな」と、自分でシステムを組んだりもした。すでに１９８６年に共著で、その名もズバリ『ＡＬＭ』（銀行研修社）という本も出版している。

こうした私の〝個人的な勉強〟をある幹部が知り、私は理財局に「呼び戻された」わけだが、日銀が大蔵省の弱点を握り〝攻撃準備〟をしている状況では、ＡＬＭプロジェクトは極秘で進めざるを得ない。局長からは直々（じきじき）にこう言われた。

「今はお家（いえ）の一大事だ。トップシークレットで頼む」

その後、私に個室が与えられた。局長室の真正面である。ＡＬＭ準備室、別名を「髙橋部屋」と言う。立ち入り禁止、資料の持ち出し禁止、仕事内容の口外禁止で、誰も私がなぜそんな部屋にいて、何をしているのかまったく分からない。部下を3人ほど与えられたが、やるべきことはＡＬＭのシステム開発なので、基本的に私だけの仕事になった。気の遠くなる作業である。

一度、上司に外部への応援要請を申し出たことがある。

「自分で全部やったら大変ですから、とにかく外から誰か頼めませんか」

「それはやめてくれ。とにかく全部、自前でやってくれ」

「プログラム開発を全部、ひとりでやるんですか」

「そうだ」

「外に発注したら、どれくらいかかるか知っていますか。5億とか10億、場合によっては20億ですよ。そんな大変な仕事をひとりでやれということですか」

「そんなにふっかけるなよ。頼むよ」

しょうがないと諦め、コツコツ仕事をした。今、思い返しても悲惨な状況だった。役所に入っていちばん働いた。何しろ自分ひとりだけだから、毛ほども間違ってはいけない。必死の毎日だった。

このときの経験から、なおのこと官僚の〝欠陥〟を実感する。官僚には数学的素養と専門知識が欠落している。専門知識の不足は致命的なことではないし、外部に頼めばよい。けれども、その勇気はない。自分の〝無能さ〟が露見するからだ。

官僚は〝無能さ〟を糊塗(こと)するために作文能力を磨いている。

■ ロシア語ができないのに「駐ロシア」

元外務省主任分析官の佐藤優(さとうまさる)氏が私に言ったことを思い出す。

「ロシア駐在の外務省キャリアは、ロシア語ができないんですよね」

少し補足しよう。外務省キャリアは、一般の人よりはロシア語ができる。ただし、佐藤氏のレベルには届かない。したがってロシア人から情報をとるには語学力が足りない、という意味だ。

この点が財務省（大蔵省）の官僚に通底する。難しい試験にパスするくらいだから、財務官僚にも相応の数学力はある。しかしALMのシステム構築をするにあたって、まったく役に立たないレベルだ。ということは、実践面で役に立たない。

佐藤氏は、いわゆる「ノンキャリ」だが、ロシア語のスペシャリストだ。外務省は「ロシアン・スクール」や「チャイナ・スクール」、「アメリカン・スクール」という具合に、基本は研修する語学ごとにキャリアの派閥が形成される。そのくせ語学力の劣るキャリアは多い。外交はネイティブと同等に語学ができなければ話にならない。佐藤氏のロシア語力はキャリアのそれをはるかに凌駕（りょうが）している。だからこそ彼の仕事が評価されるのだ。

実際に佐藤氏の仕事ぶりは高く評価されている。私は首相（第1次）時代の安倍晋三氏からも聞いた。政治家がロシアへ行くと、全員が佐藤氏に頼みごとをする。ロシア要人とのアポイントメントから土産物の手配まで、ありとあらゆる頼みごとを彼は引き受け、すべて何とかしてくれるのだという。それほどの力が佐藤氏にはあった。

「ロシア駐在の外務省キャリアは、ロシア語ができない」。この佐藤氏の言葉を、私は十二分に理解できる。ロシア語もろくにできない（もちろん普通の人よりはできる）くせに、駐ロシア大使に任命されるのは何ごとか、という思いではないか。彼はリスクを冒（おか）してロシア語を勉強し、ロシアの政権内部深くに食い込んだのだ。

佐藤氏の目には、外務省キャリアの〝無能さ〟が際立って映ることだろう。キャリア連中にはスペシャリティ（専門性）がまったくない。その視点は私が財務官僚を見るときのものと同一だ。財務官僚にスペシャリティはない。

■省を貫くファミリー意識

外務省と財務省には、もうひとつ共通項がある。言葉の響き（「ガイムショウ」と「ザイムショウ」。タクシードライバーが、しばしば間違う）が似ているだけではない。共通するのは「ファミリー意識」である。

外務省では、先述の「○○スクール」も、派閥づくりという意味でファミリー意識に通じるが、端的に表われるのは在外公館だ。大使以下、公使、参事官と、まるで軍隊のように序列がはっきりしている。それらのポストは当然、外務官僚が押さえるから、ファミリーで凝り固まって結束する。

要は軍隊的な組織を維持し、自分たちの世界をつくらないと生きてゆけないのだ。

一方の財務省も、今なお「大蔵一家」と呼ばれるようにファミリー意識が非常に強い。天下り先を筆頭に、〝ファミリー企業〟と呼ぶべき大蔵省傘下の団体・企業が多いのは周知のことだが、これは「大蔵一家の人間は路頭に迷わせない」という前提に立っている。大蔵一家を維持するための最大の原理だ。ある意味では、日本社会の伝統的な価値観とそっくりである。

2章で大蔵省の新人研修を紹介した。横浜銀行の寮を借りての合宿生活で、ファミリー意識養成の第一歩と言える。しかしそれ以外に〝大蔵一家意識〟をかき立てるような行事が山ほどある。ここでは、今はなくなった運動会のことを記そう。

たしか5月の連休明けの日曜日と記憶するが、「大蔵省大運動会」と銘打った恒例行事が毎年1回、行なわれていた。場所は川崎市新丸子（しんまるこ）にある横浜銀行のグラウンドで、ここでもまた新人研修と同じく横浜銀行の施設を使うという臆面（おくめん）のなさがすごい。

それはそれとして、大蔵省大運動会に参加できるのは、キャリアとキャリアOB、およびそれぞれの家族に限られ、入省3年目くらいまでの若手キャリアが〝実動部隊〟として動くのが特徴だ。若手はOBのもとへ寄付を募（つの）りに出向くのである。なぜそのような役回りをさせるのかと言えば、寄付をもらう名目でアポイントメントをとり、OBに挨拶できるからだ。

「今年、入省しました○○でございます」

と言って寄付金を頂戴する。若手と相対したOB氏は、

「そうか、今年入ったのか。○○君ね。ちなみにどこ？」

とか言う。

「どこ」とは、若手の出身大学を尋ねているのだが、本心から知りたいわけではない。「東大法学部です」という答えを当たり前のように待っていて、自分の東大法学部時代の思い出話を聞かせたいのだ。

だから私のように、東大は東大でも法学部以外の場合は返答に苦労する。

「君はどこ？」

「東大です」

「そう、何をやっていたの？」

「ちょっと理科系なんです」

「え？　理科系？」

というような感じで、私のことを間違って入省したかのように見ていた。

これが東大以外なら、OBの対応も温度がもっと低くなる。

「あれ？　あ、そう。一橋……」

「京大？　珍しいね、君」

まるで稀少生物扱いである。

■大蔵省大運動会は100年も続いた

大蔵省の運動会は〝運動会〟と名がつくものの、徒競走や綱引きをするわけではない。伝統的に野球である。後年になってテニスが加わった。

OBと現役とで複数のチームを組み、日がな1日野球とテニスに興じる。そして競技終了後、懇親会を開く。実は、この懇親会のほうが運動会のメインメニューなのだ。OB、現役キャリア、そして個々人の家族を交えた、文字どおりの「大蔵一家」が集結して団らんの時間を共有する。子どももたくさん来るため、金魚すくいなどの露店まで出る。

懇親会ではさまざまなゲームが行なわれ、家族には豪華な景品が用意されている。その原資は、若手がOBからもらった寄付金だ。OBは天下りのおかげで、みんな大金持ちだから、寄付も気前がいい。

運動会はちょうど100回を数えたころ、大蔵省スキャンダルの影響もあって取りやめになったが、100回ということは100年も続いたことを意味している。こうして大蔵省キャリアの「ファミリー意識」は連綿と醸成されつづけてきたのだ。

どのような組織でも、ファミリー意識は芽生える。日本の民間企業群は、かつて家族的経営と呼ばれる結束力で業績を伸ばした。ファミリー意識が、それこそ「目標」達成に向けて作用するならけっこうなことだと思う。私もファミリー意識のいい面は高く評価している。

しかし、ともすればファミリー意識は、組織の維持だけが主目的になってしまう。旧日本陸軍の人事は当初、作戦遂行のための適材適所を旨（むね）としていた。それがいつの間にか、陸軍という大官僚組織を維持することが優先し、本来の目的は捨て置かれるようになったという。その果ての戦争突入だったと指摘する識者は多い。

外務省であれ財務省であれ、スペシャリティを欠く官僚集団が、もしも組織の維持という「手段」を「目的」化したら、最も迷惑を被（こうむ）るのは国民なのだ。

5章

霞が関を〝統制〟する方法

官僚出身の政治家が幅を利かせる永田町で「政治主導」を実現するには

■首相も官僚を〝尊敬〟していた？

政治家が官僚を膝下に置けなければ、健全な行政とは言えない。その意味で民主党が政権交代以前から掲げていた「脱官僚依存」は、しごくまっとうなメッセージだった。しかし、これまでたびたび述べたとおり、民主党はその看板をすぐに下ろしてしまった。「局長級以上の官僚に辞表の提出を求める」と威勢のよかった鳩山由紀夫氏が、自らの発言を修正したことは象徴的であった。

私見だが、鳩山氏は心のどこかで官僚を〝尊敬〟しているのではないか。ご存じのとおり、彼の父、鳩山威一郎氏は大蔵官僚だった。東大法学部（当時は東京帝国大学）から大蔵省に入省し、主計局長、事務次官を務めた文字どおりのエリート官僚である。その後、政治の道に入り、福田赳夫内閣では若くして外務大臣に抜擢された。

父親の背中を見て成長するのが男子だとすれば、鳩山氏が大蔵官僚としての父、威一郎氏を否定しにくいことも頷ける。

実は、私は鳩山氏と同じ高校（東京都立小石川高校。小沢一郎氏も卒業生）出身で、彼とは少なからず面識がある。霞が関に小石川高校出身者が集まる会が発足しており、その会合に出席したところ、鳩山氏も来場していたのだ。懇談の折、大蔵官僚である私に向ける鳩山氏の言動から、「なるほど、鳩山さんは大蔵省を好意的に見ているな。お父さんが働いていた職場だからかな」と受けとった記憶がある。

ただし鳩山氏は父の威一郎氏とは違って、官僚の経験はない。「脱官僚依存」を抵抗なく謳ったのは、官僚経験がないゆえの本心なのか、それとも父を否定できないままフレーズだけ先行したのか、計り(はか)かねるところだが、私には彼から重い覚悟のようなものを見出すことはできなかった。

本気で「脱官僚」をする気があるのなら、鳩山氏は首相の座に就いた時点で即座に断行すべきだった。組閣と同時に、いやその前から根回しをして、周到な準備を進めておかなければならなかった。しかし、その形跡はない。２００９年9月16日の組閣後、私は政治任用ポストの顔ぶれを一瞥(いちべつ)して驚いた。総理以下、大臣はすべて替わったけれど、その配下となるべき政治任用ポストは全員、前政権（麻生太郎(あそうたろう)政権）からの引き継ぎ、つまり留任で官僚出身者ばかりだったからである。政治主導であるからには、せめて今の政治任用ポストには、政治の意思を示すためにも、政権の特色を出すための人事がないとおかしいのだ。

本書2章で私は「閣僚（政治家）は解散や総辞職によって顔ぶれが変わるが、そのスタッフである官僚は〝政治的な中立性を保つために〟「不変」だと述べ、日本の行政システムが世界基準に照らしていかに歪（いびつ）であるかを指摘した。その歪な構図は、政権交代が果たされてなお不動だったのだ。これでは鳩山氏が、とても本心から「脱官僚」を言っていたとは思えない。私が彼に〝重い覚悟〟を見出せなかったのも、宜（むべ）なるかなである。

■言うことを聞かないのなら辞めてもらえ

「脱官僚」のために政治家が手をつけるべき政治任用ポストは何か。筆頭は官房長官を補佐する「官房副長官」、次いで「官房副長官補」である。

官房副長官は内閣法で定員が3人と定められ、うち2人は政治家（政務担当）、残る1人を官僚（事務担当）とするのが慣例となっている。事務担当の官房副長官は歴代、事務次官経験者が任命されてきた。

その下に位置して、「官房長官・官房副長官・内閣危機管理監を補佐する」（内閣法第16条）のが官房副長官補だ。内政担当、外政担当、安全保障・危機管理担当の3人がいる。

問題は、官房副長官も官房副長官補も、すべて官僚の指定席になっていることだ。官房副長官は主として旧内務省系（警察庁、旧厚生省、旧自治省）の官僚から選ばれ、官房副長官補のほうは、それぞれ財務省（内政担当）、外務省（外政担当）、警察庁と防衛省（安全保障・危機管理担当）出身者が就く。政治任用職にもかかわらず、放っておけばメンバーは自動的に決まってゆく。

私は第1次安倍晋三内閣が発足した2006年9月、総理補佐官補（内閣参事官）として官邸に入った。安倍氏が首相として、公務員制度改革に熱意を燃やしていたのはすでに述べたとおりだが、このとき私は政治任用ポストについて相談を受けた。政治任用をするのであれば、どのポストが重要か、ということだった。

私の答えはこうである。

「最も重要なのは官房副長官です。それから内政担当の官房副長官補、さらに戦略的には広報官。官邸のカラーを出すには、この3つくらいは替えたほうがいいでしょう」

すると安倍氏は官房副長官を替えた。従来、旧内務省系官僚の指定席だったところへ、初めて大蔵省出身の的場順三（まとばじゅんぞう）氏を据えた。政治任用ポストに、本当に政治任用による人事が行なわれたのである。この異例の抜擢に、霞が関は「え、本当に替えるのかよ」と敏感に反応した。

しかし鳩山政権では、政治任用ポストは全員留任である。「脱官僚」を貫くのなら、ポストのいくつかを替えてしかるべきであった。それができなかったことが、鳩山氏が退陣を余儀なくされた遠因だと私は思っている。

鳩山氏は、以前から米軍普天間飛行場移設問題について深い関心を寄せ、非常に熱心に勉強していた（「抑止力は方便だった」など、2011年に入ってからの発言には当惑させられるが……）。自分なりの「普天間問題解決プラン」も温めていたはずである。

そこで、もし自分のプランどおりに進めたいのであれば、そしてその強固な意志が貫徹できるのなら、話は非常に簡単だ。政治任用ポストの人事に大鉈を揮えばいいのである。

以下は、外交政策としての妥当性とは別にして、仮に鳩山氏の構想を実現するとしたら、という話だ。

たとえば「内閣総理大臣補佐官」（首相補佐官）というポストがある。そこに鳩山氏と理念を共有する人物を起用し、「普天間問題の担当」とすればよい。そして従来の普天間問題担当である外務省と防衛省、両省の事務次官に、「普天間問題については首相補佐官がすべて担当する。あなたたちは、もうこの仕事をしなくていい」と言ってしまう。

誰が「普天間決着」を頓挫させたのか

2010年5月4日、名護市の稲嶺進市長との会談に臨む鳩山由紀夫首相。彼には普天間問題に関して「腹心」と呼べる事務官がいなかった。写真／時事通信フォト

あるいは首相補佐官人事の前に、外務・防衛事務次官にオプションを与えるという方法もある。あらかじめ辞表の提出を求めたうえで、首相自身の考えに賛成か反対かを問う。

「私は普天間問題について、このように考えている。一緒にやってくれますか」

と聞き、事務次官が「できません」と答えれば、辞表を受理して別の人物を次官に起用する。もしくは辞表を預かったまま、

「できないと言うのなら、この仕事は官邸の○○補佐官に担当させる。その代わり一切、口を挟まないでほしい」

これでおしまいなのだ。

実際に実行するためには、その結果、米国との関係がどうなるか、中国やロシアがどう出てくるかなどを緻密にシミュレーションしなければいけないが、そのうえで覚悟を持って臨むのであれば、ひとつの政治判断である。

■官僚を「使いこなす」ことは、実は困難だ

事務次官から辞表を預かることなく、そのまま留任させたとしよう。そして普天間問題

であれ何であれ、突然、これまでとは180度異なる方針を命じたとする。彼らが対処不能になるのは明白だ。とくに事務方で育ってきた官僚にとって、自分がやってきたことと逆の仕事をするのは苦しい。いくら〝作文能力〟を駆使しても、白を黒とまでは書き換えられない。

そのときには、当人たちのためにも、仕事を取り上げて別の人物に担当させるか、事務次官を替わってもらう（辞めてもらう）ほうがいい。

権限を奪う。あるいは職位を奪う。どちらかである。

本来的な意味での「政治主導」ならば、それは可能なのだ。鳩山政権も、こうした政治任用人事を実行していれば、少なくともスタート当初の数カ月間でもたつくことはなかったはずである。

鳩山氏は、「自分は総理大臣なのだから、官僚とはいえ政治任用ポストの人は言うことを聞いてくれるに違いない」と思っていたふしがある。しかし、言うことなど聞くわけがない。土台無理なことなのだ。私のように割り切ったタイプの人間なら、逆の方針を命じられたとき、「やりにくいので休ませてください」と答えるだろうが、そのように口にできる役人はきわめて少ない。大半は「おっしゃるとおりで」である。これを面従腹背と言う。

だからこそ政治の側は、官僚を一個の人間として注意深く見ていなければならない。もし「こいつは口ではイエスと言っていても、本音はノーだな」と判断したら、すげ替えるしかない。政治主導とはそれほど強力なものなのだ。その代わり、結果責任はすべて政治家が負うことになる。それでいいのである。

よく「政治家は官僚をうまく使いこなしてこそ政治家だ」と言われるが、現実面では「使いこなす」のは難しい。官僚が気にくわなければ替える以外に方法はない。政治家は官僚を吟味し、選ぶべき立場にある。だから、「政治家は官僚を選べ」と言うのが正しい。

もっとも、気にくわないという理由で官僚の首を飛ばせば、2章で述べたように官僚側は「私たちは一労働者でございます」と「身分保障」を持ち出すだろう。しかし民間企業を見れば、職位が上がるにつれて経営責任に関わる比重も増してくるのが普通であって、一定以上の役職者なら「私も一労働者です」などとは口が裂けても言えなくなる。霞が関だけが都合のいい「身分保障」を振りかざすのは理不尽だ。

少なくとも局長級以上の官僚には、政治主導によって人事が差配されるリスクを負わせるべきだ、と私は考える。そのように制度を変更すべきである。「申し訳ないけれど、局長になったら政治任用で首が飛ぶこともあります。そのときは一労働者ではありません。一労働者でいたいのなら、次官はおろか局長にならないほうがよろしい」とアナウンスできる制度改革が求められる。

先の官邸人事で言えば、官邸に従わない官僚は、首を飛ばす以前の問題として官邸に来てはいけない。現行の制度では、官邸にスタッフとして入る官僚は全員「役所からの選りすぐり」のかたちであり、内閣が替わると役目を終えて、また役所に戻ってしまう。たとえ首相秘書官であっても、在任中は「総理のために」と言いながら、総理が辞めるときに一緒に辞める人はほとんどいない。みな古巣の役所に戻るのである。

戻るところがあるわけだから、自ずと彼らが誰の言うことを聞くかが知れるだろう。総理の「命令」よりも、出身省庁の「意向」が優先するに決まっている。これは人間の常である。

■首相官邸〝裏の秘書官〟グループ

安倍晋三氏は首相に就任して間もない２００６年９月21日、官邸に詰めるスタッフを全省庁から公募した。人数は10人、募集要項には「(公募する職員は)総理の指示による特定の政策課題の企画立案を担当する」と記されていた。安倍政権に奉じ、出身省庁のリモコンにならない、純粋な政治任用スタッフを集めるのがその趣旨だった。安倍氏から「髙橋君も応募して」とお誘いがあり、私もこの公募に志願した次第である。実は、公募スタッフのアイディアは、小泉政権のときに私から安倍氏に提案したものだった。そのときは小泉政権で辞めようと思っていたので、まさか自分にお誘いがあるとは夢にも思っていなかった。

ところが「公募」とは言うものの、募集要項をよくよく見ると「公募にあたっては所属長を経由して」とある。要するに各省庁の人事セクションを通せ、ということだ。これでは「公募」にならない。人事セクションのフィルターを通過するのだから、応募するのは各省庁のお眼鏡にかなった官僚でしかない。私には「所属長を経由して」の一文を挿入した人物の目星もついているが、こんなところにも〝官僚のレトリック〟が発揮されていたのだから呆れる。

当時、私は総務省に籍を置いていた。とはいえ〝本籍〟は財務省である。すると困った問題が生じた。応募書類を総務省秘書課に持っていったところ、「髙橋さんは財務省でし

なぜ官僚たちは「官邸」に入りたがるのか

総理執務室（官邸の移転前）。この部屋に隣接する「秘書官室」には各省庁から出向してきた官僚が詰めている。秘書官室にいれば、首相の動静が手に取るように分かる。写真／毎日新聞社

ょう。財務省経由で（書類を）出してください」と言われたのである。財務省で「今は総務省にいらっしゃるのだから、総務省経由でしょう」と、にべもない。結局、当時の総務大臣である竹中平蔵氏の手を煩わせて一件落着したが、ひどい話である。総務省も財務省も、私が応募することで、自分たちの「官邸枠」が削られることを嫌ったのだ。

この公募システムの原型は、小泉純一郎内閣で首席秘書官（政務担当首相秘書官）を務めた飯島勲氏がつくったものである。飯島氏は財務省出身者らが幅を利かせる首相秘書官（事務担当秘書官）の「枠」を拡大した。それにより他省庁の不満を解消し、自らの〝部隊〟として活用した。さすがに知恵者だと思う。

事務担当の首相秘書官は4人で、財務省、経済産業省、外務省、警察庁からの出向というかたちをとるのが通例だった。そこに飯島氏は〝裏秘書官〟と呼ぶべき枠を設け、他省庁から5人のスタッフを入れたのである。

首相官邸には総理執務室の隣に秘書官室がある。秘書官室を通らなければ首相の部屋に入ることはできない。つまり秘書官室に座っていると、誰がいつ、どのように首相に面会したかが分かる。ここがポイントだ。新たに秘書官として登用し、秘書官室に座らせてあげれば、財務・経産・外務・警察以外の省庁が喜ぶと飯島氏は察知した。

秘書官室には右の財務・経産・外務・警察出身者用に4つの席があるのだが、スペース的に空けようと思えば5つ分は確保できる。その〝5番目の席〟に、飯島氏は他省庁出身の〝裏秘書官〟を座らせた。それも月、火、水、木、金、と日替わりである。週に1回、たとえば月曜は厚生労働省のAさん、火曜は総務省のBさん、水曜は国土交通省のCさん……という具合だが、それだけでも各省は大喜びだった。この5人は「第二秘書官グループ」と呼ばれ、秘書官に準じる扱いを受けた。私は飯島氏の官僚掌握術にほとほと感心したものである。

■ 政治家に殉じる官僚はいるか

安倍晋三氏の公募に応じた10人も、自らを「第二秘書官グループ」と認識して官邸入りした。さまざまな省から人が集まったが、しかしながら2007年9月に第一次安倍政権が倒れたとき、安倍氏に〝殉職〟したのは私ひとりだけだった。あとの9人はすっきり爽（さわ）やか、元いた省庁に戻って、順調にエリート街道を歩んでおられる。公募は自由任用であって政治任用ではない。政治任用は政権交代とともに失職するが、自由任用なら古巣に戻ることができる。

私は事務手続き上、2008年3月に公務員を退職した。実質的にはその半年前の安倍首相退陣時に辞めている。私が辞意を伝えたところ、安倍氏は「よかった、(辞めるスタッフが)ひとりいてくれて」と笑顔を見せた。私が「本当は、ここで10人全員が辞めるくらい一所懸命やればよかったですね」と頭を下げると、その笑顔は消え、「まあ、そうなんだよな……」。呟(つぶや)くようなひと言を漏らした。

官邸の中の状況は、かくのごとしである。霞が関は永田町の本丸に出向者を送り、情報を取りたいだけなのだ。したがって「政治主導」を実践するには、このことを前提に考えたほうがいい。政治と殉職する覚悟のある人間を集める以外に方法はない。政治家は、自分と一心同体になって働いてくれる官僚を探し出し、起用しなければならない。探せば意外といるものだ。

だが、現実にそのような努力をする政治家は皆無に近い。

■ 中央銀行の「独立性」には二つの意味がある

官僚を統制するひとつの仕組みを考えるとき、私は日本銀行のような中央銀行の「独立性」について、日本はもっと検証すべきとの認識を持っている。どういうことか。

中央銀行に独立性を付与する目的は、たとえば政治的混乱から政治日程が空白化し、政策遂行が疎か（おろそか）になってしまう場合でも、中央銀行による経済政策はたゆまず続けなければならないという点にある。一方、かつての関東軍のように、独立性が暴走することは許されない。そこで経済官僚機構としての中央銀行をいかに統制するかが、世界各国の大きなテーマだった。

各国政府が試行錯誤を繰り返した結果、今はひとつの答えが出ている。

まず「独立性」を二つの概念に分ける。二つの概念とは「目標の独立性」（ゴール・インディペンデンス）と、「手段の独立性」（インストゥルメント・インディペンデンス）だ。

そのうえで、「民主主義国においては、中央銀行に『目標の独立性』はない。中央銀行の独立性とは『手段の独立性』である」ということが世界の常識となったのである。2章で少し述べたが、これはベン・バーナンキも明言していることだ。

ここで言う「目標の独立性」とは、経済政策における目標を決めることだ。対して「手段の独立性」は「その目標に向かって何をすべきか、いつ何をやるのか」という具体的・実践的方法の選択決定権を指す。

ただし「手段の独立性」を保つためには、「目標」の設定には他者が関与しなければならない。「目標の独立性」を中央銀行が保持した瞬間、そこには「手段の独立性」も含まれることになる。自ら「目標」を決めてしまうのだから、当然、目標達成に附随する手段をも併せ持つと考えられるからだ。

つまり「民主主義国において中央銀行に『目標の独立性』はなく、『手段の独立性』のみがある」という世界の常識は、「目標は政治的に決める」ことを意味する。官僚は政治的に決められた「目標」の範囲内でのみ、自由に「手段」を講じる。これが中央銀行の独立性に関する結論である。形式的に目標を決められる中央銀行もあるが、事実上、政治のチェックなしというのはありえない。

「目標」は、国民の代表である政治家が、1年ないし2年に1回、議会プロセスで決定する。そして「その目標に向け、何をいかに進めるか」を、中央銀行が独立して行なえばよい。

具体的に言えば、中央銀行は「物価の番人」だから、中央銀行にとっての目標とは「物価上昇率をいつまでに、何％くらいにするか」になる。一般的によくあるのは「消費者物価指数を2年以内に1から3の間にする」である。この目標を政治的なプロセスで決定する。政府が決めてもよいし、議会が決めてもよいが、経済状況は急に変化するかもしれないので、政府が決める、または決定に関与するのが普通だ。

中央銀行は、その決められた目標に向かって、たとえば「いつ利上げ（利下げ）をするか、何％を何％にするのか」を独自に決定し、実行する。誰にいかなる意見を言われようと、この「手段」の決定は中央銀行の専権事項となる。こうして「目標の独立性」と「手段の独立性」は明確に二分されるわけである。

ところが日本の場合は、この世界基準に背を向けたままなのだ。日本銀行法では経済政策の「目標」を日本銀行が決めることになっている。

■　失敗しても責任を問われない不思議

日本銀行にはその名もズバリの「政策委員会」（総裁、副総裁、審議委員で構成）が設置されているが、日本銀行法第15条はその権限を以下のように列挙する。

〈手形などの割引率の決定または変更〉
〈貸付利率ならびに担保の種類、条件及び価額の決定または変更〉
〈預金準備率及び基準日等の設定、変更または廃止〉
〈手形や債券の売買などによる金融市場調節の方針の決定または変更〉
〈その他の通貨及び金融の調節に関する方針の決定または変更〉

（条文を抜粋して整理した）

一見、「手段」の詳細を定めた文言のようでいて、よく読めば日銀が「目標」の決定権限まで有することが分かる。

日本銀行が目標を決めるのであれば、政策遂行にあたってのすべての責任が日銀に発生してしかるべきだ。しかし、それは一切ない。目標にしたがって手段を講じた結果、仮に失敗に終わったとしても、日銀には何もペナルティが課せられないのである。こんな筋の通らぬ話があってよいものか。

日本の中央銀行だけが「異質」である

日本銀行は政策の「目標」と「手段」の両方を決める。政策に失敗しても罰則はない。世界基準からかけ離れた存在だ。写真／共同通信

他の国では、政府が決定した目標を中央銀行が達成できなかったとき、まずは総裁が議会に呼ばれて釈明を求められる。その後の総裁人事は国によって異なるが、釈明をしなければならないのはどの国も共通だ。そして中央銀行総裁の釈明内容を検討し、議会が〝失敗〟は不可抗力によるものと判断すれば、その場は収まる。だが総裁を含めた中央銀行の能力不足と見なされれば、次の人事での再任は保証されない。解任まで可能な国もある。その意味で確実に「ペナルティ」が待っているのだ。

日本では日銀総裁が国会に呼ばれ、質問を受けることはあるが、釈明させられることはないし、日銀総裁の解任権もない。とても先進国とは呼べない状態だ。唯一、国会が関与できるのは総裁以下幹部の任命人事である。ふたたび日本銀行法に目を通してみる。

〈役員の任命〉

第23条　総裁及び副総裁は、両議院の同意を得て、内閣が任命する。

2　審議委員は、経済又は金融に関して高い識見を有する者その他の学識経験のある者のうちから、両議院の同意を得て、内閣が任命する。

3　監事は、内閣が任命する。

4　理事及び参与は、委員会の推薦に基づいて、財務大臣が任命する。
5　総裁、副総裁又は審議委員の任期が満了し、又は欠員が生じた場合において、国会の閉会又は衆議院の解散のために両議院の同意を得ることができないときは、内閣は、第一項及び第二項の規定にかかわらず、総裁、副総裁又は審議委員を任命することができる。
6　前項の場合においては、任命後最初の国会において両議院の事後の承認を得なければならない。この場合において、両議院の事後の承認が得られないときは、内閣は、直ちにその総裁、副総裁又は審議委員を解任しなければならない。〉（傍点は引用者）

中央銀行の役員人事で国会（議会）の同意を得るのは世界基準で普通のことだ。しかし日本は他の国と違って、任命人事だけで終わってしまう。目標を議会や政府が決め、その目標に向けて中央銀行が機能しているかをチェックする仕組みがない。日銀の役員は国会が同意し、内閣が任命するのだから、内閣も国会も日銀の仕事ぶりを判断しなければならないはずなのに、まるで野放図なのである。

■円高ショックのときに日銀は何をしたか

2011年当時の日本銀行総裁の白川方明（しらかわまさあき）氏は2008年4月に就任した。副総裁および総裁代行からの繰り上がりという変則人事だった。当時の自民党による総裁人事案が参議院での同意を得られず、20日間も総裁職の空席が続いたのちの決定である。野党最大勢力を誇った民主党が、日銀総裁人事を政治的に使った。

白川氏は、かつて日銀の理事職を辞してから京都大学で教鞭（きょうべん）を執っていただけに、学者然とした人物で、失礼ながら総裁の器ではない。〝ねじれ国会〟によって消去法で選出された側面が否めない。プロ野球に譬（たと）えるなら、さして実績のない二軍のコーチをいきなり一軍監督に据えたようなものである。

選任の経緯からして不健全だった（自民党への嫌がらせが主目的で、白川氏でなくてもよかった）ためか、その後政権を奪取した民主党は、日銀によけいな気を遣っているように私には見えた。政治による統制がまったく利いていなかったと思う。

たとえば2008年9月のリーマンショック以降、世界各国は金融緩和をしていた。2010年夏でも依然として、世界各国はデスマッチさながらに金融緩和政策を強化した。

自国通貨を切り下げ、猛烈な輸出ドライブをかけて稼ごうと必死になった。アメリカもヨーロッパも通貨供給量をどんどん増やし、輸出振興を図った。その結果、日本円は相対的に高くなった。9月に入り日本は為替介入を実施したが、当時の円高・ドル安騒ぎを覚えておいでだろう。「円高で利益が吹き飛ぶ」と日本の輸出産業は悲鳴を上げていた。日銀には呑気（のんき）に構えている暇はなかったのである。だが、何もしないも同然だった。

政府のほうはと言えば、こちらも日銀に何のアクションも起こさない。私には間合いがうまくとれていなかったように思えてならなかった。

このとき、私はある閣僚に「日銀の幹部に電話でも入れて、会って話せばいいじゃないですか」と助言した。彼も実のところは切歯扼腕（せっしやくわん）の思いで日銀を見ていたようだが、私の提案に対してどうも歯切れが悪い。「中央銀行の独立性」に縛られていたのである。

「私が日銀総裁に会ったりしたら、マスコミに『政治家が日銀の独立性を無視した』と書かれる」

などと言う。そこで私は前述の「目標の独立性と手段の独立性」を説明し、次のように続けた。

「政府が日銀とコミュニケーションを取ることは、日銀法に照らし合わせても何ら違法ではありません。直接面会したら独立性に反するなどということもありません。どんどん会ったほうがいい。もし日銀のほうが何かの用事にかこつけて会わないと言うのなら、簡単です。『朝飯を食おう』と誘えばいい。朝飯なら逃げられませんから。日銀の幹部など、はっきり言えば役所の事務次官以下なのです」

金科玉条（きんかぎょくじょう）のごとく「中央銀行の独立性」と言うが、その独立性は裁判所とは異なる。日銀は一個の行政機関なのだから、政府の内部組織と認識すべきだ。もっとも、最高裁裁判官について国民審査があるが、日銀幹部にはそうした国民のチェックもないので、日銀のほうが守られているかもしれない。

首相や担当大臣が日銀を統制するという意味では、軍事においてのシビリアン・コントロールに近いかもしれない。〝作戦・戦術〟の遂行にあたって、日銀の専門性を活かすと考えることができる。

民間企業で社長が事業部に口出しするのは、たとえば年間の売上目標であって、どのような商品を、いつ、どのように売るかという手段は事業部長の判断に委ねられている。そしてもし結果が伴わなければ、事業部長は取締役会で説明を求められる。そのとき「不況のため同業他社も当社と同じ営業成績です」ならば、さほど責任も問われないだろうが、逆なら事業部長の首が飛ぶ。それが普通だ。日銀という官僚組織を「独立」させたまま統制できない日本は、「普通のこと」ができないに等しい。

■田中角栄（たなかかくえい）は「官僚を使いこなした」のか

故田中角栄（たなかかくえい）氏。官僚統制という側面で、伝説的に語られる政治家である。「角さんは官僚を使いこなした」との表現をあちこちで耳目にする。しかし私は「使いこなした」と認定できるかどうか、懐疑的なのだが。

たしかに政治家・田中角栄のもとに参集した側近は、政策担当秘書の故早坂茂三（はやさかしげぞう）氏を除きすべて役所から派遣された官僚であり、田中氏は役所の人事について非常に詳しかった。その点においては、ある程度「角さんは官僚を使いこなした」と見ることができるかもしれない。有名な『日本列島改造論』は、田中氏の一気呵成（いっきかせい）の口述を当時の通産官僚たちが書き起こし、一冊にまとめ上げたものである。同書は田中氏の首相就任直前、1972年6月に出版され、ベストセラーとなった。

とはいえ、田中氏に仕えた役所派遣の官僚たちが、心の底から彼に忠誠を誓っていたとは思えない。政治家の秘書官になった官僚は、その政治家が政治力をつけるにしたがって自分も偉くなれる。要職に就くチャンスに恵まれる。だから「先生、頑張ってください」と口で言いながら、政治家の昇進に自らの昇進を恃むのだ。

それは政治家のほうも似たようなもので、官僚の政策立案能力(作文能力)に依存しながら、政治家としてのパワーを集積・増大させてゆく。そこには互いのメリットを計算した、持ちつ持たれつの構造が横たわっている。私が「角さんは官僚を使いこなした」ことに懐疑的なのは、こうした〝もたれ合い構造〟を無視できないからだ。

ただし私は、田中角栄という政治家を一点だけ評価して憚らない。それは議員立法(国会議員提出による法案の成立)の多さである。官僚と持ちつ持たれつの関係であっても、彼が議員立法を手がけた希有な政治家であることは素直に認める。田中氏は政治家生活で46の法案を提案し、うち33件を成立させた。

ここで重きを置くべきは、政治家が自身の手で法案を国会に提出し、成立させた、その揺るぎない事実である。

日本の国会法では、法案を提出できるのは内閣か国会議員と定められているが、法律と

党人派政治家の「見識」とは

田中角栄元首相は官僚の人事に詳しかった。しかしそれよりも、彼が手がけた議員立法の多さを評価すべきだ。写真／時事通信フォト

して成立する9割方は内閣提出の法案（閣法）で、議員立法は圧倒的に少ない。そしてこの閣法こそが官僚による「官僚作文」に他ならないのだ。だから法律に書いていることは、書いた官僚がよく知っており、政治家は中身を知らない。私は法律のほとんどが「閣法」であることが、官僚主導の根幹であると思っている。

その結果、官僚のやりたい放題が許されてしまう。政策は法律に基づいて行なわれるが、細部まで官僚がつくれるのは、大本の法律を官僚が書いているからだ。むろん閣法の主体は「政策」だが、その政策を実施するという名目で、ほとんど「天下り先」が必要とのロジックが忍び込んでいるのである。議員立法の場合は、そこまで頭が回らない。したがって、天下り先を生み出す余地はない。

政治家は、少なくとも議員立法を手がけなければ「官僚を使いこなした」と言ってはいけない。それは詭弁になってしまう。田中角栄氏が議員立法にあたって誰の手を借りたかは知る由もないが、33件の法案を成立させた事実には政治家の見識があり、手法として「政治主導」の要件を満たしている。

今の国会議員は、「国会における各会派に対する立法事務費の交付に関する法律」に基づき、立法事務費を毎月65万円もらっている。これで議員立法をしない今の国会議員は、税金のムダ遣いである。そもそも議員は、英語では「ロー・メーカー」（law maker）と言う。法律をつくらない国会議員は何をしているというのだろうか。

国会議員が議員立法をするのは当たり前の話であるが、それができれば官僚は法律に従わざるを得ず、官僚主導などありえない。議員立法ができなければ、閣法ばかりになってしまい、官僚主導から政治主導への転換は無理だろう。議員立法なくして政治主導なしである。

■「党人派」vs「官僚派」

政権与党の政治家は大きく「党人派」（根っからの政党員）と「官僚派」（官僚出身者）に分けられる。藩閥出身者や軍人、公家が混在した戦前はともかく、戦後はくっきりとこの二派に色分けできる。歴代首相の顔ぶれを見ても明白だ。ざっと列挙してみよう。

〈党人派〉

片山哲（かたやまてつ）・鳩山一郎（いちろう）・石橋湛山・田中角栄・三木武夫（みきたけお）・鈴木善幸（すずきぜんこう）・竹下登・宇野宗佑（うのそうすけ）・海（かい）

部俊樹・細川護熙・羽田孜・村山富市・橋本龍太郎・小渕恵三・森喜朗・小泉純一郎・安倍晋三・福田康夫・麻生太郎・鳩山由紀夫・菅直人

〈官僚派〉

幣原喜重郎・吉田茂・芦田均・岸信介・池田勇人・佐藤栄作・福田赳夫・大平正芳・中曽根康弘・宮澤喜一

また、2章で引用した松本清張著『現代官僚論』には、その当時（1963年・池田内閣）の官僚出身政界人として、以下の面々を挙げている。

〈大蔵官僚出身〉賀屋興宣法相・大平正芳外相・宮澤喜一経企庁長官
〈内務官僚出身〉灘尾弘吉文相・大橋武夫労相・早川崇自治相
〈外務官僚出身〉吉田茂・福田篤泰防衛庁長官
〈通産官僚出身〉岸信介・小林武治厚相・古池信三郵政相・椎名悦三郎
〈運輸官僚出身〉佐藤栄作国務相・西村英一（前厚相）
〈農林官僚出身〉赤城宗徳農相・周東英雄（元農相）・井野碩哉（元法相）

（『現代官僚論』より抜粋して構成した）

主要閣僚のほとんどが官僚出身者である。こうした状況をふまえ、松本清張氏は「官僚出身者が政界に進出することによって官僚自体が全体的に国家という大きな視野を持つようになった結果は、さらに官僚のエリート意識を高揚せしめている」（『現代官僚論』）と半世紀前に看破した。

私の理解では、党人派と官僚派の大きな違いは、その出自から政治姿勢において「官僚を信じるか、信じないか」にある。党人派は官僚を基本的に信用せず、自由主義的な考えを持ち、そのため「小さな政府」を志向する。逆に官僚派政治家は、当たり前だが官僚を信用して「大きな政府」に向かう。

■「過去官僚」たちの正体

今では官僚出身の政治家を「過去官僚」と呼ぶようになった。とくに民主党政権になって以降、「過去官僚が跋扈（ばっこ）している」などといった表現が目立つ。むろん、前項で見たように、昔（自民党時代）から官僚出身者は大勢いた。それでも「過去官僚」という言葉が最近になって人口に膾炙したのは、自民党時代のそれらと現在とで、属性が異なって見えるからかもしれない。

簡単に言うと、自民党の「過去官僚」は、中央省庁で一定以上の職位に就き、その後、天下りさながらに政治家に転身する人が多い。一方の民主党は、官僚経験を足がかりにして、比較的若い時期に政界に入る。したがって二者には意識の面でも隔たりがあって当然なのだが、本質的な部分では変わらないと私は見ている。

官僚出身者と党人派、たとえば政党員で地方の市議会議員から国政にステップアップしたような人を比較した場合、〝政治に通じているかどうか〟という面で圧倒的な差がつく。言うまでもなく、官僚出身者は中央省庁に籍を置いていたのだから、政策を練り、政治家と接触することで、総体としての政治の世界をよく知ることになる。

ただし政治家になっても官僚の習性が抜けきらないのだから面白い。大蔵キャリア上がりのある参議院議員がテレビの対談番組で「わが省の後輩が……」「わが省では……」と、「わが省」を連呼したときには、私は笑いをこらえることができなかった。まさしく「三つ子の魂百まで」である。

さらにその議員は党人派を見下すというか、大蔵省時代に長く政治の世界と関わってきたものだから、当選直後から「1年生議員と自分を一緒にするな。私は国会も政策もよく知っている」と鼻高々だった。官僚派の面目躍如、と申しあげておこう。

■ 政治主導を実現する第一歩とは

いわゆる「過去官僚」たちにとって、出身省庁は故郷のようなものだ。人間は誰でも育った環境に支配されるし、故郷を大切に思う。

私が第1次安倍政権で公務員制度改革に携わっていた当時、過去官僚は与党議員であるにもかかわらず官僚機構の擁護者になった。強烈に反対を唱える議員もいれば、表面は穏やかながらネガティブな意見を言う議員もいたが、結局は官僚機構を守ろうと公務員制度改革に邪魔立てをしたのである。

彼らが官僚機構を擁護するのは当然と言えば当然なのだろう。「官が国を動かす」システムが110年も揺るがないこの国では、官僚が受ける恩恵は計り知れない。

たとえば「地方支分部局」という、各省庁の出先機関がある。端的な例では国土交通省の「地方整備局」で、国の公共事業において絶大な権限を有する部局だ。港湾・ダム・道路・河川整備など、公共事業では国土交通省が獲得した予算を割り振る。これを「箇所付」と言うが、要は国土交通省の裁量で決められるのだ。

このとき、地方整備局の官僚が資料をつくる。したがって官僚は予算の割り振りを差配すると同時に、資料の中身を政治家に知らせることもできる。仮に政治家の選挙区に箇所付がなされていれば、その政治家は「私がこれだけ予算を取ってきました」と胸を張れるわけで、官僚のほうは政治家に恩を売ったかたちになる。

あるいは、地方支分部局にいた官僚自身が選挙に打って出て政治家になるケースもある。地方の住民にしてみれば「お金を持ってきてくれる先生」に映るだろう。

日本中で「地方分権」が叫ばれているのは、日本が地方分権ではないからだ。中央省庁の官僚がすべてを掌握している。地方支分部局の職員と言っても、〝本籍〟は中央省庁なのである。

国税の税収と地方税のそれの比率は、およそ6対4で国税のほうが多い。しかし歳出の面ではその比率が逆転し、4（国）対6（地方）になる。そのため国から地方へ「2」にあたるお金を、総務省による「地方交付税」と各省庁の「補助金」というかたちで移すのである。

県道の建設でも何でも、補助金が出るのだから、公共事業は「国から税金が降ってくる」ようなものだ。そしてその〝打ち出の小槌〟を握りしめ、揮ってくれるのは官僚と通じた政治家であり、「過去官僚」こと官僚出身の政治家なのである。

ただし「過去官僚」の名誉のために言っておけば、彼らは選挙というリスクを冒している。また、議員を失職したときには再就職先を自分でゲットしなければならない。この点において、特殊法人に天下った「元官僚」や霞が関に蝟集（いしゅう）する「現在官僚」よりは肯定的に評価してよい。

私は民主党幹部に、つねづねこう提言していた。

「官僚出身の議員をもっと上手に使うべきだ。政策立案を『過去官僚』たちにさせればいい。これなら官僚主導とは呼ばれない」

日本の官僚制度に楔（くさび）を打ち込み、脱官僚依存、政治主導を実現するための解は、このあたりにあるのかもしれない。

本書は2011年3月に小社より刊行された『官愚の国　なぜ日本では、政治家が官僚に屈するのか』を加筆・修正し文庫にしたものです。

一〇〇字書評

切り取り線

購買動機（新聞、雑誌名を記入するか、あるいは○をつけてください）

- □（　　　　　　　　　　　　）の広告を見て
- □（　　　　　　　　　　　　）の書評を見て
- □ 知人のすすめで
- □ タイトルに惹かれて
- □ カバーがよかったから
- □ 内容が面白そうだから
- □ 好きな作家だから
- □ 好きな分野の本だから

●最近、最も感銘を受けた作品名をお書きください

●あなたのお好きな作家名をお書きください

●その他、ご要望がありましたらお書きください

住所	〒				
氏名		職業		年齢	

新刊情報等のパソコンメール配信を 希望する・しない	Eメール	※携帯には配信できません

あなたにお願い

この本の感想を、編集部までお寄せいただけたらありがたく存じます。今後の企画の参考にさせていただきます。Eメールでも結構です。

いただいた「一〇〇字書評」は、新聞・雑誌等に紹介させていただくことがあります。その場合はお礼として特製図書カードを差し上げます。

前ページの原稿用紙に書評をお書きの上、切り取り、左記までお送り下さい。宛先の住所は不要です。

なお、ご記入いただいたお名前、ご住所等は、書評紹介の事前了解、謝礼のお届けのためだけに利用し、そのほかの目的のために利用することはありません。

〒一〇一-八七〇一
祥伝社黄金文庫編集長　吉田浩行
☎〇三（三二六五）二〇八四
ohgon@shodensha.co.jp

祥伝社ホームページの「ブックレビュー」からも、書けるようになりました。
http://www.shodensha.co.jp/bookreview/

祥伝社黄金文庫

官愚の国　日本を不幸にする「霞が関」の正体

平成26年6月20日　初版第1刷発行

著　者　髙橋洋一
発行者　竹内和芳
発行所　祥伝社
〒101－8701
東京都千代田区神田神保町3－3
電話　03（3265）2084（編集部）
電話　03（3265）2081（販売部）
電話　03（3265）3622（業務部）
http://www.shodensha.co.jp/
印刷所　堀内印刷
製本所　ナショナル製本

　ISBN978-4-396-31640-2 C0195

祥伝社黄金文庫